書くのがしんどい

編集者
竹村俊助

PHP

書くのって、
しんどくないですか？

書きたい気持ちはあるんだけど、**書くことがない！**

書き始めても、途中で**混乱してしまう！**

ていねいに書いているつもりなのに**「わかりにくい」と言われる！**

時間をかけて書いたのに、あんまり**読んでもらえない！**

「こんなの、おもしろいのかな？」といつも**不安になる！**

1行書いては消し、1行書いては消し……。
そうこうしているうちにだんだんイヤになってくる。
目も疲れるし、手も痛くなってくる。

「話すように書け」と言われても……。
「読みたいことを書け」と言われても……。

文章を書くというのは、なかなかしんどいものですよね？

でも、
もう大丈夫！

その「しんどさ」の原因を突き止め、
ひとつずつ対処法をご用意しました。

本書で紹介するのは、編集者である筆者が
10年以上かけて編み出した
「誰でも書けるようになる」スキルとノウハウです。

読み終えるころには「しんどい……」から
「楽しい！」に変わっているはず。

あなたも今日から「書ける人」になって、人生を変えてください。

はじめに

文章なんて、誰だって書けます

実を言うと、文章なんて誰だって書けます。

突然こんなこと言ってごめんなさい。
でも、本当です。

ちょっと考えてみてください。
あなたはＬＩＮＥを書いたことがあるでしょう。
あなたはツイートしたことがあるでしょう。
仕事ではメールを書くはずです。
もしくは、お店のレビューを書いたことがあるかもしれません。

そう。

みんな、毎日何かしら「書いて」はいるのです。

しかし、あらためて「文章を書こう！」「発信しよう！」と思うと、途端に手が止まってしまう。身構えてしまう。そうではないでしょうか？

ＬＩＮＥは書けるのに、長文の記事は書けない。
ツイートはできるのに、あらたまった文章は書けない。
メールは書けるのに、コラムやエッセイは書けない。

同じ「書く」なのに、どこが違うのでしょうか――。

多くの人が「文章が書けない」と言うとき、足りないのはスキルだと思いがちです。
でも、ほぼすべての日本人は文を書くことはできるのです。手を動かせばできる。

実は文章が書けない原因は「スキル」ではありません。

もちろんいろいろな原因がありますが、いちばん大きいのは「メンタル」です。

書けない原因は、書くことに対する考え方や気の持ちよう、つまりメンタルにある。

メンタルさえ修正すれば、誰だって書けるようになるのです。

書こうとすればするほど書けなくなる不思議

「メンタルが問題」とは、具体的にどういうことでしょうか？

さまざまなポイントがあるので詳しくは本文に譲るとして、まずは2点だけお伝えします。

気合いを入れて「さあ、書こう！」と思ったとき、多くの人は「自分の中から」文章を生み出そうとします。

脳内を見渡して「おもしろいコンテンツはないかな？」「美しい表現はないかな？」と探し回る。そこでなんとか1行書き始めるのですが、うまくいかない……。

1行書いては消し、1行書いては消しとやっているうちに「私には文才がないのだ」

とあきらめてしまうのです。

しかし、この**「生み出そう」というメンタルがそもそも間違っています。**

実は自分の中には何もないのです。

一部の才能ある作家であれば、目を閉じて作品を生み出すことはできるかもしれません。ふとした瞬間に素晴らしいアイデアが降りてきて、勝手に手が動き出す。

ただ、それは普通の人には難しいことです。

ぼくはそもそも「書く」という言葉もよくないと思っています。

「文章」「書く」「ライティング」……これらの言葉には「目的」がないからです。

書くこと自体が目的になってしまえば、書けなくなるのは当然。だから書こうとすればするほど書けなくなるのです。

大切なのは、「書こう」とすることではなく「伝えよう」とすることです。

メールも、LINEも、誰かに何かを伝えようとするから自然と「書ける」わけです。

「よーし、LINEを書くぞ!」という人はいません。「電車が止まってて遅れます」ということを伝えたいから書けるのです。

文章教室の第一歩は、ここです。「伝えよう」とすればいいのです。すると「何かを生み出そう」と肩に力を入れなくても、自然と言葉は出てきます。

ゼロから書こうとしてはいけない

もう一点。

人は文章を「ゼロから生み出す」のは難しくても「すでにある文章を修正する」ことはできます。

ほとんどの人は、他人の文章を見て評価することはできます。

「ここ、『てにをは』が間違ってるよ」と指摘したり「うーん、なんだかわかりにくいな。言いたいことはひとつに絞ったほうがいいんじゃない？」と友人にアドバイスすることはできるはずです。

ということは、これを一人でできれば、書くことはグッと簡単になります。

つまり、著者と編集者の一人二役をやればいいのです。

まず下手でもいいから、何も気にせずダーッと伝えたいことを書きなぐる。そして、そのあと冷静になって「編集者」の立場で文章を見直して、整えていく。

そうすればある程度の質の文章を一人で作成することができます。

ぼくはこれまで、書籍の編集者として50冊以上の本を編んできました。

そのなかで著者やライターが書いてくる文章に対して「赤入れ」をして、アドバイスしたり修正したりしてきました。そして多くのケースで、書き手の文章を「リライト（書き直し）」してきました。

ぼくはもともと書くこと自体は好きでもないし、苦手です。だから「書くこと」を仕事にするとは思っていませんでした。

しかし、他人の文章を修正するなかで、結果的に「書く」ことができるようになっていたのです。

「いきなり書くことは難しくても、すでにあるものを修正するかたちで書くことはできるかもしれないぞ……」

書くことに抵抗がなくなったのは、それに気づいてからです。

書けないと思っている人は、まず「書こう」というメンタルをあらためて、**「伝えよう」**とすることです。そして、いきなり「ゼロから生み出そう」とするのではなく**「まず書いてみて、それを修正して文章を仕上げていく」**ことです。

これだけでずいぶん書くことはラクになるはずです。

「書くのがしんどい」原因がわかった

ぼくは編集者として10年以上、文章に関わるなかで「うまく書けないんですが、どうすればいいですか?」という著者の悩みに向き合ってきました。

主にビジネス書を編集してきたので、著者となるのは経営者やビジネスパーソンであり、書くことを生業《なりわい》にする人たちではありません。そういう「書くプロ」ではない人がどうすれば書けるようになるのか?　さらに最近は、自分自身で書く場面も増え、どうすればなるべくラクに書くことができるのかを模索してきました。

そこで判明した「しんどい」の原因が、次の図に示した5つです。この5つのしんどいをひとつずつつぶしていくことで「書くのが楽しい!」に行き着くことができるのです。

書くのがしんどい

CHAPTER 1
書くことがなくてしんどい

CHAPTER 2
伝わらなくてしんどい

CHAPTER 3
読まれなくてしんどい

CHAPTER 4
つまらなくてしんどい

CHAPTER 5
続かなくてしんどい

↓ 本書を読むと…

書くのが楽しい

書くことが見つかる

文章がわかりやすくなる

多くの人に読まれる

読み手の気持ちを動かせる

書くことが習慣化する

CHAPTER1では**「書くことがなくてしんどい」**を克服します。

書くことがなければ書くことはできません。どうやって書くことを見つければいいのか？　なぜ、書くことが見つからないのか？　その悩みにお答えします。

CHAPTER2は**「伝わらなくてしんどい」**です。

書いてはいるけれど、なぜか伝わらない。「お前の文章はわかりにくい」と言われてしまう。そんな人に対して、具体的に「わかりやすい文章にするコツ」をお伝えします。

CHAPTER3は**「読まれなくてしんどい」**です。

ここから一段階ギアが上がります。わかりやすく書けても、読まれなければ意味がありません。あなたの文章が多くの人に「読まれる」ためにどうすればいいのかを示していきます。

CHAPTER4は**「つまらなくてしんどい」**です。

読まれたとしても「おもしろくない」と言われてしまっては悲しいものです。文章の魅力をアップさせ、飽きずに読んでもらえる方法をご紹介します。

CHAPTER5は**「続かなくてしんどい」**です。

一瞬は書くことができても、続けなければパワーは半減します。そこで書くことを習慣化するためのヒントをご紹介します。

ぼくは文章力を高めるためにツイッターが有効だと考えているため、この章は主にツイッターの話をします。SNSの使い方に悩んでいる人のヒントにもなるはずです。

CHAPTER6では「書くのがしんどい」にトドメを刺すべく、書くことのパワーとメリットをあらためてお伝えします。読み終わるころにはきっと**「書くのが楽しい」**に変わっているはずです。

誰でも使えて、効果は無限大の「書く」という魔法

書くスキルを高めることで、あなたの仕事のクオリティは上がります。

わかりやすいメールが書けるようになれば、コミュニケーションはスムーズになります。トラブルはグッと減り、社内外からの評価も上がります。

営業やPRの仕事であれば「売れるコピー」を書けるようになるでしょう。

経営者であれば、思想やビジョンを伝えることができるようになります。すると社員のモチベーションも上がり、いい社員を採用できるようになります。

さらに**「書く」ことは人生をも変えうる力を持っています。**

ぼくはずっと「書くのがしんどい」と思ってきました。本の編集者として仕方なく文章をいじることはあっても、自分から「書きたい」と思えるような人間ではありませんでした。

しかし書けない原因に気づき、ひとつずつ克服していくことで、ぼくはどんどん書いて発信するようになりました。ツイッターやｎｏｔｅ（ブログ）などインターネットのツールを使って、自分から発信するようになったのです。

すると、人生はガラリと変わりました。

５０００人にも満たなかったツイッターのフォロワーは半年で1万人を超え（２０２０年7月現在で３・7万人）、独立する大きな後押しとなりました。ｎｏｔｅには、編集者の視点から「文章の書き方」や「企画の立て方」などを書いていきました。**すると多くの人に読んでもらえ、累計で１５０万以上のページビューを獲得しました。**

書いて存在感を示すことができるようになると、出版業界のみならずウェブや広告業界の人からも「こういうことを書いてもらえませんか？」「こういう仕事、やってみませんか？」と声がかかるようになりました。経営者の発信サポートという広報に近い仕事もさせていただけるようになりました。

ぼくは「書くことは大きな武器になる。しかも、これからますます書くことの価値は増すはずだ」と確信し、「ことばでつたえる」を軸にした会社を設立したのです。

「書く」というのは、日々の仕事を変え、キャリアを変え、人生を変えます。

誰でも使えて効果は無限大の「魔法」なのです。

ぜひ本書を手に取ったあなたも「書くのがしんどい」を克服して、書くことのパワーを実感してください。

2020年7月

竹村俊助

書くのがしんどい　目次

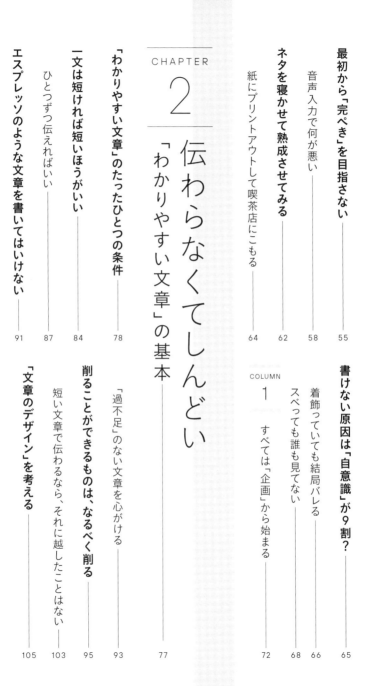

CHAPTER 3
読まれなくてしんどい
文章を「たくさんの人に届ける」方法

CHAPTER 4

つまらなくてしんどい商品になる「おもしろい文章」はこうつくる

CHAPTER 5

続かなくてしんどい書くことを「習慣」にする方法

CHAPTER

6

書けば人生は変わる

「しんどい」の先にある新たな自分

ブックデザイン：三森健太（JUNGLE）
文中イラスト：FUJIKO
校正：槇一八
編集：大隅 元（PHP研究所）

CHAPTER

1

書くことがなくてしんどい

書く以前の「取材」と「思考法」

「自分のこと」を書こうとしなくてもいい

「書くことがない」と言って悩んでいる人はたくさんいます。

「アウトプットが大切なのはわかってる。でも、書くことがないんです！」
「毎日文章を書きたいと思ってるんですけど、何を書けばいいのでしょうか？」

よくそんな相談をされます。

「書くことがない」と悩む人には共通点があります。
それは「自分のこと」を書こうとしていることです。自分の中にコンテンツがないとダメだ、と思っているのです。

しかし自分の中に「何か」がなくても発信はできます。**自らコンテンツを生み出そうとするのではなく、まずは他人のこと、まわりのことを発信しようとすればいいのです。**

「はじめに」でも少し触れましたが、自分の中には何もないのです。

急に哲学的な話になりますが、「自分」というのは「他者」でできています。

たとえば自分のことを説明しようと思ったとき「○○県出身で、こういう会社に勤めていて、こんな町に住んでいます」と言うでしょう。このとき、出身地も会社も住んでいる町も、「自分」ではなく「他者」の話になります。

自分のことを語ろうとすると、どうしても他者を語ることになる。というよりも、**他者を語ることで「自分の輪郭《りんかく》」が明確になっていく**のです。

「コンテンツメーカー」ではなく「メディア」になればいい

ぼく自身、誰かに聞いたことをよく発信しています。

「上機嫌というのは、すなわち上質なことである」というツイートを書いてバズったことがありますが、これはキリスト教のシスターさんに聞いた話です。

また、自律神経の研究で有名な順天堂大学の小林弘幸先生から「人間ができる我慢の量は決まっている」ということを聞きました。それも「なるほど！」と思ったので、ツイートしてみたらバズりました。

自分のことを発信するのは難しくても、自分のまわりで起きたことや、自分の心が動いた瞬間を書いてみればいいのです。

お母さんの言動がおもしろければそれを文章化してもいいでしょう。職場に変わった人がいるならそれを文章にしてもいい。本で読んだ仕事のノウハウでもいいし、誰かから聞いたことでもいい。それを少しずつ発信していけばいいのです。

みんな生きている以上、かならず誰かから何かしらの刺激を受けています。それを発信すればいいわけです。

つまり、本当は全員「メディア」なのです。

それなのに「コンテンツメーカー」になろうとするから無理がある。**書けないときに見つめるべきは「自分の内側」ではなく「外側」なのです。**

「他人のことを書けばいい」と言うと、たまに「人のコンテンツをパクることになりませんか？」と聞かれることがあります。そんなことはありません。もちろん他人の言葉をあたかも自分が考えたかのように発信してはいけませんが、「これは聞いた話です」ということがわかればＯＫです。

情報やコンテンツ自体はすでにありふれています。「まったく新しいもの」を発信することは相当難しい。そういう時代においては「何を言ったか」よりも「誰が言ったか」が重要になってきます。つまり、**唯一無二の存在である「あなた」を通して発信することに意味がある。**「どういうフィルターを通ったか？」「どういう人が伝えたか？」「情報に対してあなたがどう感じたか？」、そこが重要なのです。

人生が雑誌なら、あなたは「人生の編集長」である

ぼくの中に「伝えたい強烈なメッセージ」はありません。世の中に対して訴えたいことは特にないのです。

もちろん「平和であればいいな」「みんな仲よく、豊かになればいいな」くらいは思っています。それでも声高《こわだか》に「世界を平和に！」と街頭で演説したり、ブログでガンガン発信していきたいとは思いません。

ほとんどの人がそんな感じではないでしょうか？　「発信はしてみたいけど、別に伝えたいことなんてそんなにないんだよな」と。

ただぼくは「こんなにおもしろい人がいたよ！」「こんな発見があったよ！」「これ、けっこう役立つよ！」ということは伝えたいのです。

「書けない」という人は「作家マインド」ではなく「編集者マインド」に切り替えることをオススメします。 作家は訴えたいことが自分の中にないとうまくいかないかもしれませんが、編集者は「誰かに伝えたい」という思いさえあればいいのです。

人生が雑誌だとしたら、人はみな自分の人生の「編集長」です。おもしろいこと、役立つことを見つけてきて、集めていけばいいわけです。

「書く」というのは「編集」に近い行為です。誰しもがすでにある情報や言葉を組み合わせて文章にしているにすぎないからです。

これまでの「書く」

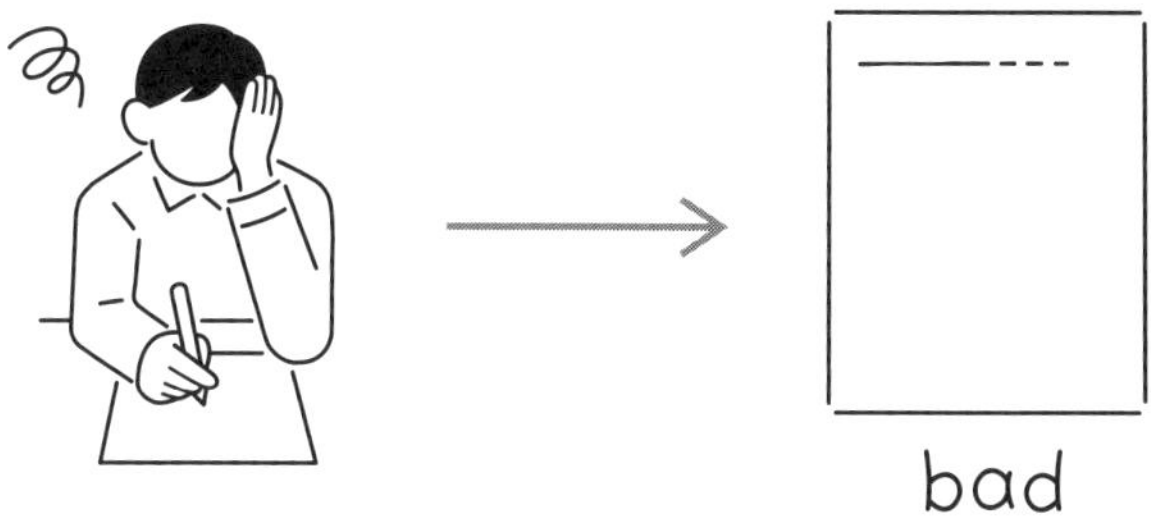

書こうとするから、しんどい

これからの「書く」

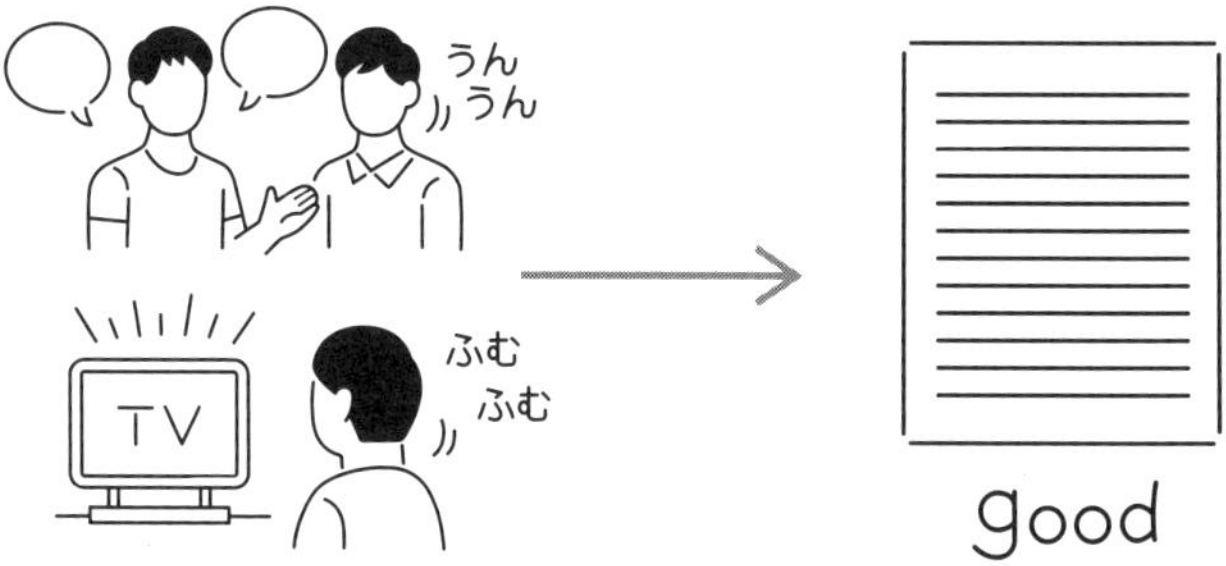

取材をして編集するなら、楽しい!

ぼくは、記事を「書い」たり、本を「書い」たりしているので、よく「ライターさんですか？」と言われます。でもぼくの中では限りなく「編集者」に近いと思っています。誰かを取材したうえで、文字起こし原稿などの素材がないと書けないからです。

取材対象者にいろいろ話していただいて、素材をいただく。まったくのゼロから自力で文章を生み出すことは苦手です。結局、素材を「編集」しているにすぎないため、ライターを名乗ることには違和感があるのです。

作家ではなく編集者、「書く」のではなく「編集する」というマインドで文章を編んでいくことを試してみてください。

「書く」の前には「取材」がある

「書く」の前には「取材する」が必要です。

ネタがなければ寿司が握れないのと同じように、**ネタがなければ文章も書けません。**

取材をしてネタを仕入れないと「さあ、書こう」と思っても書けない。あたりまえのことですが、ここで止まっている人は多くいます。書けないと嘆《なげ》く前に「きちんと取材をしたかな？」「ネタはあるのかな？」ということを確認してみましょう。


よく「どう書くか」にこだわる人がいます。「どういう表現がいいかな」「どうすればきれいな日本語になるかな」と悩んでしまう人です。

しかし、そこに悩む時間があるなら「何を書くか」というネタにこだわりましょう。

ぜんぜんおもしろくないことを、一生懸命きれいな言葉で書いても、そんなに読まれ

ネタがなければ文章は書けない

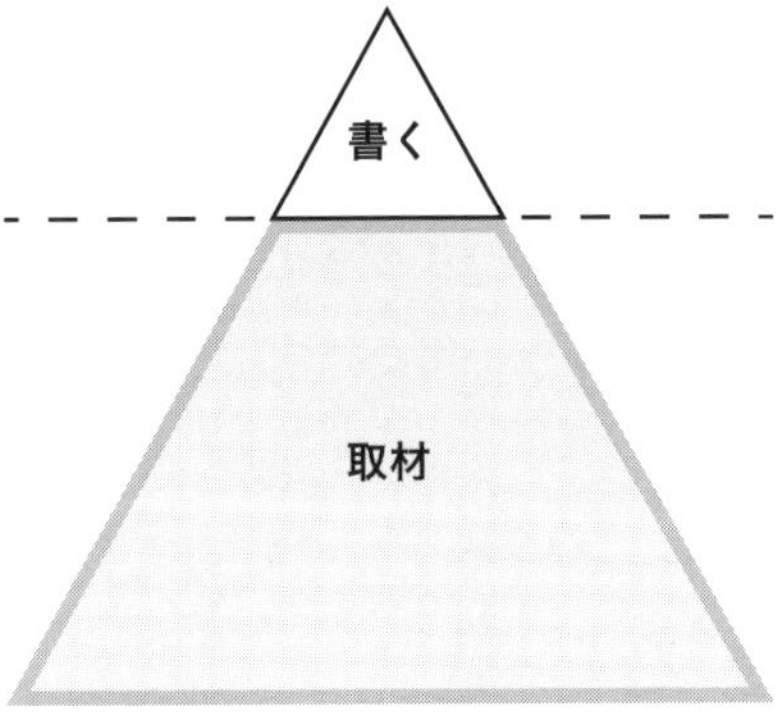

「書く」の水面下には「取材」がある

ません。おもしろくないものがおもしろくないまま届くだけです。

きれいなだけの文章は読みやすいかもしれませんが、スッーと流れていってしまいます。多少、日本語がおかしくても、文法が間違っていても、中身がおもしろければ届くのです。

おもしろい文章は、中身がおもしろい。おもしろくない文章は、中身がおもしろくない。ただそれだけの話です。

もちろん書き方でおもしろくする方法もいろいろありますが、それはあくまで最後のテクニック。まずはネタがおもしろくないとおもしろい文章にはならない。だからこそ「取材」に力を入れるべきなのです。

「取材マインド」を身につけよう

「取材する」といっても、普通の人は新聞記者のようにＩＣレコーダーやカメラを持ち歩く必要はありません。「これは取材なんだ」というマインドを持っておくだけでいいでしょう。

たとえばラーメン屋さんに入ったときに、取材マインドがなければ、普通に食べて帰ってきます。すると、こんな文になるでしょう。

今日はラーメンを食べた。おいしかった。

もちろん備忘録《びぼうろく》や日記に書くのであればこれでもいいのですが、人に読んでもらいたいのであればこれではダメでしょう。

そこで取材マインドを発動するのです。「これは取材なんだ」と思いながらラーメン屋さんに入れば、いろいろなことに気づきます。すると、すごくおいしいラーメンだった。ただひとつ気になったのは、出されたときに店主の指がスープに浸かっていたことだ。

とか、

そのラーメン屋には「人生は濃厚なスープ」という格言が貼ってあった。なぜラーメン屋は格言が好きなのだろう。ただラーメンを食べたいだけなのに、人生論を押し付けてくる店は少々暑苦しい。

といった一味違った文章が生まれます。

取材マインドがあれば、ラーメン店の選び方も変わってくるかもしれません。たとえば日高屋などのチェーン店ではなく、商店街の外れにある寂《さび》れたラーメン屋を選んでみる。いつ見ても誰も入っていなくて、店主がずっと新聞を読んでいるような店です。そういうところにあえて入ってみたら、ネタの宝庫です。「なぜか手伝わされた」

とか「追い返された」みたいなことがあっても最高のネタになります。

ものごとに敏感な人は「取材」に向いている

「ものごとに敏感な人」「神経質な人」「違和感を抱きやすい人」は取材マインドの持ち主です。逆に「何を食べても、何をやっても、なんとも思わない」「世の中になんの感情もない」という人はネタを見つけづらいでしょう。

いちいちイライラする人や細かいことが気になる人は、生きづらいかもしれませんが、それをアウトプットすれば立派なネタになります。

ふと感じたことについて、いちいち立ち止まって考えることも大切です。

たとえば「ゴッホ展」などの美術展に行くと、入ってすぐのところに「はじめに」のような長々とした文章が書いてあります。ゴッホは何年に生まれて、なんとか財団の協力を得て、どうのこうのと書いてある。それを20人くらいで囲んで読んでいる。

「……あれ、意味なくないですか?」と思うのです。

絵をみんなで囲って見ているならわかります。でも、文章なら紙に書いて配ってもらえれば手元で読めるし、サイトに載せておいてもらえばいい。音声や映像で流しておいてもいいでしょう。なのに押し合いへし合いしながら「はじめに」を読んでいる。

たしかに「あの場で読む」ことに意味があるのかもしれません。でも「せっかく入場料を払ったのだから、隅々《すみずみ》まで読んで元を取らなきゃ」というだけの人も少なからずいるのではないかとぼくは踏んでいます。

こんな感じで**「これって、意味あるのかな？」と思ったら、メモをするなりしてきちんと覚えておきましょう。**違和感があってもそのまま受け入れてしまうと、それは自分の「常識」になっていってしまいます。すると「取材マインド」は消え失せます。

小山薫堂《こやまくんどう》さんも普通に生活していて「ここ、こうだったらいいのになあ」と思ったことは全部覚えておいて、何かをプロデュースするときに活かすそうです。「こうしたほうがいいよね」という一般ユーザーとしての気づきを忘れないようにしているのです。

気づいたことを書いて発信すればネタにもなりますし、共感者がいれば本当に改善されるかもしれない。毎日が楽しくもなるはずです。

ネガティブ感情は「昇華」してネタにする

ネガティブな感情は抱かないほうがいい、などと言います。

もちろんそれはそうなのですが、人間なのだからどうしてもネガティブになることはあります。怒り、悲しみ、嫉妬《しっと》などの感情を抱くのは、仕方ありません。

ただ、ネガティブ感情はものすごいエネルギーを持っています。だから、ぼくはうまく利用すればいいと思うのです。**ネガティブな感情をポジティブに転換してネタにすればいいのです。**

腹の立つことがあったり、悲しいことがあると、すぐにツイッターに書き込みたくなります。でも、それをそのまま垂れ流してしまうと、見られはするけど「いいね」はつきづらいでしょう。むしろ「あの人キレやすい人なのかな」「精神不安定だな」と思われて終わるだけで、いいことはありません。フォロワーも増えない。逆に、同じようなネガティブな感情の人が寄ってきて「クソリプ」を食らってしまいます。

人はネガティブな発言に時間やお金をわざわざ費やしません。

そこで、ネガティブをポジティブに変換して発信するのです。

嫌なやつに出会ったら、反面教師にして教訓にすればいい。たとえば、つねに不機嫌な上司がいたとしたら「不機嫌な上司がいてウザい！」と書くのではなく「上機嫌な職場のほうがうまくいくよね」とポジティブな発言に変換してから発信すればいいのです。

ネガティブ感情はエネルギーなので、それを抑え込むのはもったいない。よってポジティブに変換して発信すればいいということです。

こうすれば、ネガティブなことを語ることにはなりませんし、共感もされやすいでしょう。なかにはツイートを見て「きっと不機嫌な人に出会ったんだな」と気づく人もいるかもしれませんが、それで不快になる人はいません。

ニュースを見て、突発的に「これムカつく！」と思っても一晩置きましょう。すごく腹の立つことがあっても一旦置く。そしてポジティブに変換してから、発信するのです。

実はネガティブから始まるコンテンツは、いいコンテンツになる可能性が高いです。

なぜなら「本音」だからです。本音には熱がこもっています。

感情のないところから無理にコンテンツをつくろうとすると、「それっぽい」「上《う》っ面《つら》」

ネガティブな感情はポジティブに変換する

の文章になってしまいます。しかしネガティブ感情のようにもともとエネルギーがあれば、それをポジティブに転換するだけできちんと熱がこもるのです。

ネガティブは、すごくいいきっかけです。何か事件があって、それをそのまま言うのは素人。それを「昇華」して価値のあるコンテンツにすることが大切なのです。

ダムに水を溜めるようにメモをとろう

ネタを見つけたら、その都度メモをしておきましょう。

ぼくは「Google Keep」というアプリを使っています。シンプルなメモアプリなのですが、スマホとパソコンで同期されるので便利です。

ネタはどんなにささいなこと、小さなことでも構いません。

「ここのカフェの水、ぜったい水道水だろ」とか「マックブックって寒い部屋に置いておくとキンキンに冷えるよな」などなど、それだけではネタにならなそうなことでもいい。とにかく溜めておくことが重要です。チリのようなささいなネタが積もっていって、ひとつのおもしろいネタになることも多くあります。

ぼくはちょっとしたネタであれば、すぐにはアウトプットしません。ものすごくおもしろいネタが見つかればすぐにツイートすることもありますが、そうでない場合は溜めておきます。どうでもいいネタをすぐに出してしまうと勢いが出ないからです。読んだ人も「あ、そう」で終わってしまう。もしくはスルーされてしまうでしょう。

ダムを思い浮かべてみてください。

ちょっとしか水が溜まっていないのに放流しても、ちょろっとしか出ないでしょう。でもたくさん溜まっていれば勢いよく放流されます。それと同じようなイメージです。ずっと流しっぱなしにしていると、水力発電をしようとしても、電力は発生しません。でも溜めておいて一気に流すと勢いよく水が流れるから、ものすごいエネルギーになるのです。

集めたネタはそのまま出さずに寝かせておくと、思わぬかたちで熟成することもあります。コンビニで思ったことと新聞で見つけた記事、テレビで聞いたことが合体して、ひとつのネタになったりするのです。

アウトプットをいったん止めて、インプットしかない状態を続けてみましょう。すると、勝手にアウトプットするネタは溜まっていきます。そして、十分に溜まったときに一気に放出するのです。すると反響のあるネタが生まれます。

運動してたくさん食べないと「う○こ」は出ない

「書く」というと、パソコンやスマホに向かって文字をひたすら打ち込むことを想像しがちです。しかし、これまで述べてきたように、その前にはインプットという過程があるのです。

また、書くことはメンタルの作業だと思われがちです。しかし実は、もっと「フィジカル」なことです。体を動かさずにおもしろいことを書くというのは、哲学者ならまだしも普通の人には無理でしょう。

取材マインドを持って町を歩いたり、誰かと話をしたり、フィジカルに動くからこそ、書くことが自然に溜まっていくのです。

書けなくてうんうん悩んでいるのは「便秘」と一緒です。

飯を食わず運動もしていないのに、便座で唸《うな》っていてもう○こは出ません。そうではなく、外に出てもりもり食べて、体を動かして、水もたくさん飲んで、楽しく過ごしていたら、自然に出てくるはずです（いや、便秘ってそういう単純なものじゃないんだよ、と思わ

インプットが溜まるからアウトプットできる

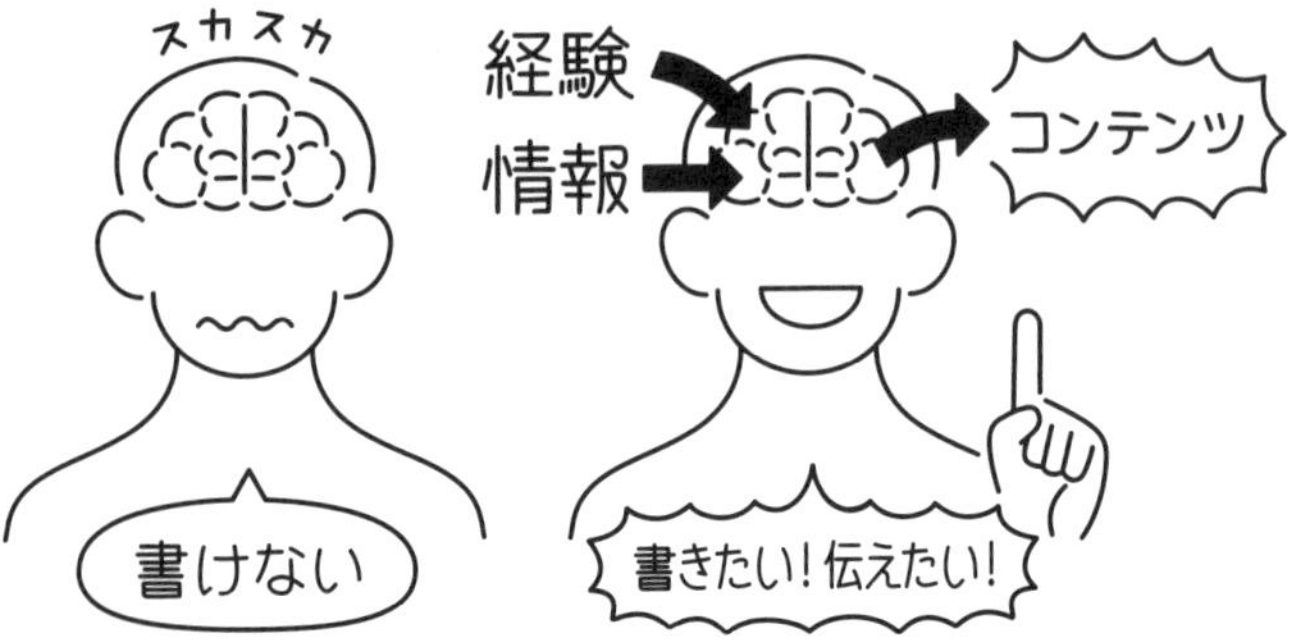

れてそうですが、たとえなのでお許しください）。

インプットがないとアウトプットできない。一人でトイレで唸っていても、仕方ないわけです。

千田琢哉《せんだたくや》さんというビジネス書を多く出版している作家さんがいます。彼はものすごい読書家です。本がものすごく好きで、歴史書や伝記などをたくさん読んでいます。

やはり、大量にインプットするから大量にアウトプットできるのです。

ホリエモン（堀江貴文）さんもそうでしょう。あれだけ毎月のように本を出せるのは、人一倍動いて、膨大にインプットしているからです。

「ライティング」の前に「ヒアリング」の技術を磨け

文章の質は、取材の質に比例します。

いい取材ができれば、いい文章になる。あたりまえのことですが、プロですらこのことに気づいていない人はけっこういます。

とりあえず取材をすませて、文章を書く段階で無理やりおもしろくしようと思っても無理なのです。「ああ、おもしろかった!」「これはぜひみんなに伝えたい!」。取材のときにそう思えれば、かならず文章もおもしろくなります。

「何を書くか」以前に「何を聞くか」に力を注ぐべきです。目の前の人から何を聞き出すか? 取材は文章の質を左右する真剣勝負の場なのです。

取材を楽しくする3つのポイント

取材をおもしろくするために、ぼくがやっていることがいくつかあります。

ひとつめは**「人生相談をする」**ということです。

人生相談は、かならずしも取材のテーマに沿っていなくても構いません。

イノベーションについての取材なのに「独立して1年で、どうやって稼げばいいか考えているんですけどどうすればいいと思います？」などと相談してみる。すると、相手も本気になって「こういう事業をやってみたらどうですか？」と真剣に答えてくれます。

それが結果的に、取材のテーマとつながったりもします。

先日、ライザップの瀬戸健《たけし》社長に取材する機会がありました。

ちょうど新型コロナウイルスの影響で経済が落ち込んでいる時期でした。ぼくは率直に「経営、たいへんじゃないですか？　ぼくもなんだか気分的に落ち込んじゃってるのですが、どうすればいいですかね？」と聞きました。

すると「世の中はつねに凸凹で、どこかが凹んでいれば、どこかが盛り上がっている。

影のあるところにはかならず光もあるから、そこをポジティブに捉えるといいですよ」というような答えが返ってきて、すごく感動しました。

2つめは**「時事ニュースについて聞く」**ということです。

ZOZOの広報をされていた田端信太郎さんへの取材のときは、ちょうど吉本興業のお家騒動が話題になっていました。インタビューの冒頭でぼくは「吉本の社長の会見、どう思いました?」と聞きました。すると「いやあ、よくぞ聞いてくれました」という感じで一気に熱を帯び、結果的に「会社とは何か?」という本来のテーマにつながっていきました。

田端さんが吉本の会見を見てどう思ったかは「取材だから」というより、ぼくが気になっていたから聞いたのです。まずはアイスブレイクも兼ねて、人生相談や時事問題をぶつけてみると相手も本気になりますし、取材も楽しいものになります。

よく、あらかじめきちんと質問リストを用意して、上から順番に聞いていく律儀な人もいます。しかし「はい、じゃあ次の質問です」と作業のように進めてしまうと、インタビュー相手もおもしろくないでしょう。それでは盛り上がりません。取材はその場の空気が大切です。臨機応変でいいのです。

3つめは**「自分ならこう考えますけどね」**という聞き方をすることです。

たとえば、ある老舗《しにせ》企業の経営者に取材したとき、ぼくはこういう聞き方をしました。「ぼくはひとりで独立したからわりと自由にできます。でも、もしぼくが歴史ある会社の何代目だったら、と考えると、そのプレッシャーはどれほどのものかと思います。老舗企業を継ぐというのは、どういうお気持ちなんでしょうか？」と。

この「自分だったらこう思いますが……」「私があなたの立場だったら……」を挟むことがポイントです。こうした聞き方をすると、自分にとっても聞かれた相手にとっても「自分ごと」の質問になります。だから、身を乗り出して本気で答えてくれるのです。

ぼくは「取材」というよりも「聞きたい人に話を聞きに行く」くらいの意識でいます。この**「聞きたい」という気持ちがなにより大切です。**

いきなり「何を書こうかな？」と考えるのではなく「誰に何を聞きたいかな？」と考えるところから始めてみましょう。

「いつからですか?」という魔法の質問

もうひとつ、ヒアリングのコツを教えます。

それは、**その人の「過去、現在、未来」について聞く**ことです。

おばあちゃんのことを書きたいのなら「おばあちゃん、どういう人生を歩んできたの?」、どういう道を歩んで来られたんですか?」と過去のことを聞く。会社の社長に聞くときも「どういう道を歩んで来られたんですか?」と聞くとおもしろいエピソードを聞くことができます。

つい人は「いまどういうことをされてるんですか?」「どういうお仕事なんですか?」と現在のことばかり聞きがちですが、過去のことを聞くと話も盛り上がります。

さらに「これからどうしていきたいですか?」「夢はなんですか?」と未来のことを聞くと意外な話が聞けるかもしれません。

また、「いつからですか?」という聞き方をすると話が深まっていきます。

たとえばこんなぐあいです。

「私、登山が好きなんですよね」

「いつからですか？」

「子どものころからですね。父が登山家なんですよ」

「めちゃくちゃ本を読むんです」

「へえ、いつからですか？」

「小学生くらいからかな……。みんなドッジボールをやってるなか、ひとり本読んでました」

「ああ、ぼくもです！」


この「いつからですか？」は魔法のワードです。

自然と過去の話を聞き出すことができます。そして、気になるエピソードや、その人のことがわかるようなストーリーが出てくるはずです。

最初から「完ぺき」を目指さない

ネタもある。書きたいこともある。でも、なぜか書けない。

そういう人は、いきなり「完ぺき」を目指そうとしている可能性があります。

最初からわかりやすくておもしろい文章が書けるような人なんてほぼいません。多くの人は自ら生み出した「よくわからない文の塊《かたまり》」を試行錯誤しながら整えていくのです。

あの村上春樹さんですら、何度も書き直しながら作品を磨いていきます。


（中略）原稿の段階でもう数え切れないくらい書き直しますし、出版社に渡してゲラになってからも、相手がうんざりするくらい何度もゲラを出してもらいます。ゲラを真っ黒にして送り返し、新しく送られてきたゲラをまた真っ黒にするという繰り返しです。

（『職業としての小説家』より）

最初の段階では、考えすぎないことです。

まずは、どんどん書き出していく。どんなに雑でもいいから、書きたいことを原稿の上にバーッと並べていけばいいのです。

本書をつくるときも、編集担当の方と雑談しながら「素材」を集めていきました。とにかく素材をドーンと用意する。そこから、いらないところを削っていきます。すると、やっと最後に「輪郭」が見えてくるのです。

ぼくも書いているうちに考えすぎてしまって筆が止まることはよくあります。

「ここで言い足りてないことはないだろうか？」「これを言ったら、さっき言ったあれと矛盾《むじゅん》するのではないか？」……なるべく「隙《すき》がない」文章にしようとして、止まってしまうのです。

でも、**最初は隙だらけでいいのです。**矛盾していてもいい。あとで直せばいいのだから、まずはどんどん書き進めることのほうが大切です。それに多少「隙」のある文章であっても、読者は脳内で補完してくれます。そこは読者の想像力を信じましょう。

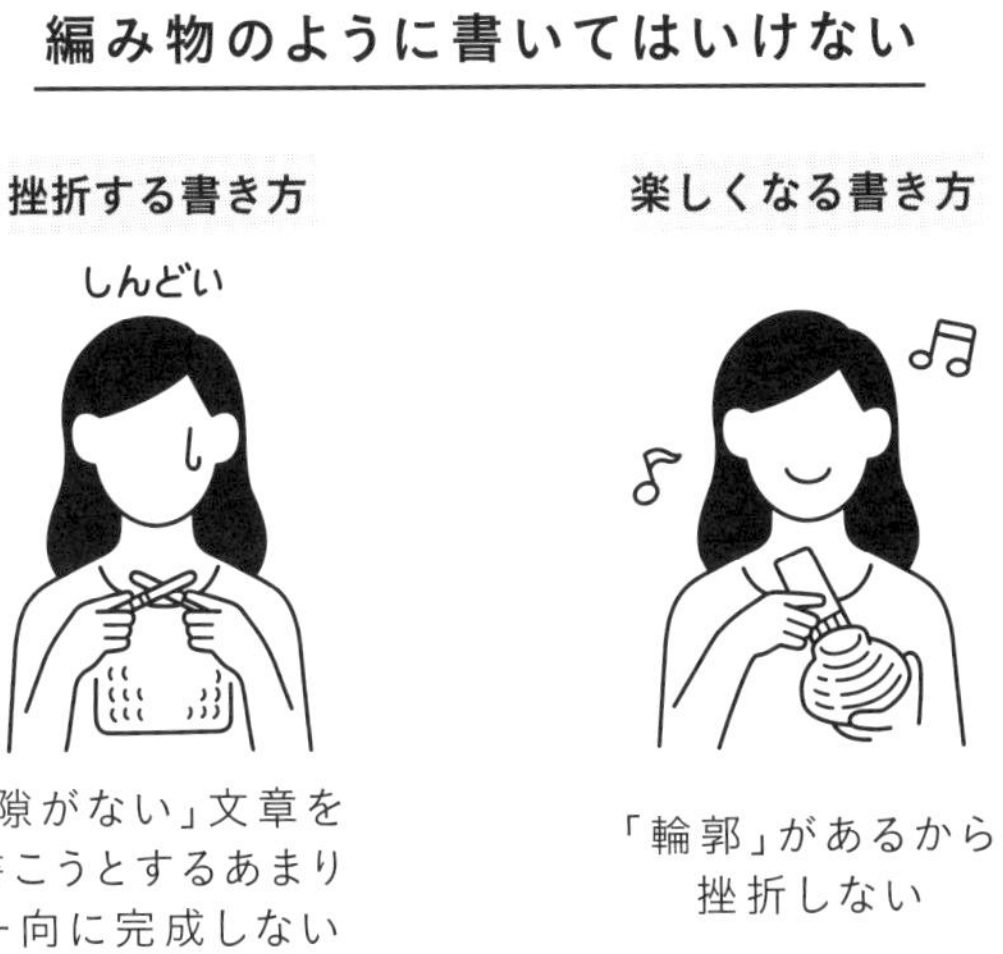
編み物のように書いてはいけない
挫折する書き方
しんどい
「隙がない」文章を
書こうとするあまり
一向に完成しない
楽しくなる書き方
「輪郭」があるから
挫折しない

イメージとしては**「漆塗《うるし》り」のように書く**ことです。

つまり、一気にバーッと書いて最後まで行ってしまうこと。そしてまた、最初に戻ってバーッと書き直していく。漆塗りのようにスタートからゴールまでを何度も重ねて書き直していくのです。

このやり方だと、まず全体が見えるのでモチベーションも下がりにくくなります。

なかなか進まない人は、漆塗りではなく、編み物をするように、前から一文一文編んでいこうとします。だから、進むのが遅くなりますし、いつ終わるかもわからない作業に途中で挫折してしまうのです。

音声入力で何が悪い

「書けないなら、話すように書けばいい」というアドバイスをする人もいます。

でもぼくは、話すように書こうと思ってもできません。難しい。おそらくこういうアドバイスができる人は、もともと話もうまい人なのではないでしょうか？　脳内に論理的でわかりやすい文章がポンと浮かぶので、それを目の前の原稿に写し取っていくことができるのでしょう。

昔の政治家で、新聞記者から「コメントを４００文字でお願いします」と言われて、電話口でバーッとしゃべったら、ピッタリ４００文字になった人がいたといいます。そんなのは、特殊能力です。「話すように書けばいい」と言われても「それができれば苦労はないよ……」と思ってしまいます。

一方で、**「話すように書く」は難しくても、たいていの人は「話す」ことはできます。**

ぼくは、まずＩＣレコーダーに支離滅裂《しりめつれつ》でもいいから音声を録音して、それを「文字起こし」して文章の素材を生み出す方法をよくとります。とにかく言いたいこと、思いついたことをどんどんＩＣレコーダーに入れていく。ＩＣレコーダーがなければ、スマホの録音機能でもいいでしょう。どんどん声で入れていくわけです。

このとき気を配るべきなのは「きれいな日本語が話せているか?」ではありません。「言いたいことが言えているか?」「考えの核があるか?」「重要なコンテンツがその中にあるかどうか?」です。ちゃんと**「言いたいことの核」**さえ語ることができれば音声入力は成功です。

それを今度は、聞きながら文字に起こしていきます。その時点では支離滅裂で文章の断片のようなものですが、気にせず作業を進めます。すると目の前に文字の塊が現れます。あとはそれを切り貼りしながら、文章に整えていけばいいのです。

たとえば、こんなふうに音声入力をしたとします。

あー、あんときはよくわかってなかったんだよな。入社して3年ぐらいだったからね。ほんとに仕事がおもしろくなるのは、それからかな。3年経つと、何が売れて、売れないか、お客さんの顔見ればわかるようになるから。結果が出せて余裕が生まれるというか。

このひとりごとの中から「言いたいことの核」を取り出すと、

3年も仕事をすると、心に余裕が生まれる。お客さんの顔を見て接客できるようになる。「何が売れるか」がわかるようになって仕事もおもしろくなる。

となります。

このやり方は遠回りのようで、実はメンタル的にはすごくラクです。
まっさらな原稿に一文字一文字書いていくのは骨の折れる作業です。しかし、音声で入力してそれを文字起こししてしまえば、まず素材はあるわけです。それを整え、編集していくのは、一から書くことよりもずっとラクなのです。

いまは「グーグルドキュメント」や「音声文字入力」など、自動的に音声を文字に変換してくれるツールもありますし、その精度は日々進化しています。こうしたツールを活用するのもいいでしょう。

「文章は書くものなのに、音声入力に頼るなんて邪道だ」と思われる方もいるかもしれません。もちろん、じっくりと紙やパソコンに向かって、一文字ずつ言葉を生み出していくことを否定はしません。ぼく自身、時間をかけながら1行1行書いていくことも多くあります。ただ、それが難しいのであれば、別のやり方を試してみてもいいのではないかと思うのです。

大切なのは目的を達成することです。目的が「誰かにこのメッセージを伝える」ということであれば、どんなプロセスを踏んでもいいのではないかと思うのです。

書き方に絶対の答えはありません。自分なりの「ライティングスタイル」を見つけてみてください。

ネタを寝かせて熟成させてみる

メモや取材、音声入力によって素材を生み出したら、今度は少し時間を置いてみましょう。ネタを寝かせて熟成させるのです。

「熟成」というのは具体的にどういうことでしょうか？

ひとつは**「ネタをふくらませる」**ということです。

たとえばこんなメモがあったとします。

多くの人は「怒られたくない」と思っている。

これだけでは、一発ツイートをしたら終わりです。しかもそんなに反響はないでしょう。そこでこの一文をふくらませてみるのです。

ふくらませるときにヒントになるのがこのワードです。**「つまり？」「たとえば？」「それで？」「そもそも？」の4つ**です。

「つまり？」は抽象化する言葉、「たとえば？」は具体化する言葉、「それで？」は思考を前に進める言葉、「そもそも？」は思考の根本を探る言葉です。この4つを自分に問いかけてみるのです。

多くの人は「怒られたくない」と思っている。

「つまり？」↓　人は恐怖に支配されがちである。

「たとえば？」↓　仕事のミスを上司に報告しない。

「それで？」↓　ミスを報告させるには「怒られない」ことを保証すべき。

「そもそも？」↓　そもそも「怒る」という行為は生産的ではない。

ひとつの素材をこのようにいろんな角度から問い直すことで、このようにネタはふくらんでいくはずです。

紙にプリントアウトして喫茶店にこもる

もうひとつの「熟成」は**「ネタを整理する」**ことです。素材はたくさんあるのにうまく文章が出てこないとしたら、思考の整理ができていないのです。

「書く」前には「考える」というプロセスが必要です。しかし多くの人はここを見落としがちです。考えながら書こうとするから手が止まってしまうのです。

ポイントは**「考える時間」と「書く時間」を分ける**ことです。

ぼくは書く素材が集まったら、紙にプリントアウトして喫茶店に小一時間こもります。そのとき、素材と真剣に向き合うためにスマホやパソコンは家に置いていきます。素材を眺めながら「いちばん言いたいことはなんだろう?」「この順番で書けば伝わりそうだな」などと思考を整理していくわけです。

スマホやパソコンを眺めながら考える人も多いのですが、デジタルデバイスだとついSNSを見てしまったりするので気が散ってしまいます。オススメは素材を紙にプリントアウトして持参すること。思考が整理されたら、デジタルに戻って文章を編んでいけばいいのです。この**アナログとデジタルの行ったり来たり**が大切なのです。

書けない原因は「自意識」が9割？

素材も集まった。思考も整理できた。それでも筆が止まってしまうとしたら、邪魔をしているのは「自意識」かもしれません。

「こんなことを書いてどう思われるだろう……」

「炎上したらどうしよう……」

そんなことをぐるぐる考えて止まってしまうのです。


対処法としては「書けないのは自意識が邪魔しているだけだ」と認識することです。

そして**「いいから、書く」。**それしかありません。

書いて誰かに見せれば、次が見えてきます。「あれ？　意外にウケたな」「うーん、これじゃ読まれないか……」など、まず書くから次が見えてくる。書くことはあるのに、書き始める前からウダウダ考えるのは時間の無駄です。

自分への期待が高いと筆が止まりがちになります。

頭の中に名文がポッと浮かんでそのままスラスラ書けるような人は一部の天才だけです。普通は自分から出てきた文章のクオリティの低さに絶望してしまいます。

でも絶望している場合ではありません。そこからが勝負なのです。

脳から出てきた「粘土」をこねくり回して、なんとかカタチにしていく。そうやって少しずつ文章として整えていけばいいのです。

自分の文章にがっかりするというのは、目指すところが高いということ。だから、本当はいいことです。理想に少しでも近づけるよう手を伸ばし続ける。そのこと自体に意味があると考えましょう。

着飾っていても結局バレる

「文章が下手だと思われたくない」

「きれいで正しい文章じゃないと恥ずかしい」

そう思う気持ちもわかります。ぼくも日々、その気持ちとの戦いです。

でもそうやってカッコつけた文章を書いたとしても、本音は多くの人にバレていたりします。人間の感覚は思っている以上に鋭いもの。いくらお化粧を施《ほどこ》して、キラキラに着飾った文章を書いても、

「あーこの人はこう書いているけど、ほんとはこう思ってるんだろうな」

「こういう表現するってことは、どこかに配慮しているのかな」

など、読み手にはある程度バレてしまうのです。

着飾っていることすらバレるのであれば、着飾る必要はありません。

これを「傑作」と言わずしてなんと言おうか。まさに映画史に残るような圧倒的な作品であった。

みたいな文を書かなくてもいいのです。

やっべ――――!!!!!　超最高!!　エンドロール終わっても足ガクガクで立てなかった!!

とかのほうが魅力的だったりします。

感情が伝わってくるような、身体の躍動《やくどう》が伝わってくるような「生の文章」はやはり魅力的です。カッコつけてもどうせバレるのならば、最初から裸の魅力的な文章で勝負すればいいのです。

スベっても誰も見てない

「せっかく書いても、誰も見てくれなかったらどうしよう」
「ひとつもいいねがつかなかったらどうしよう」

そんなことに悩んでいる人もいます。

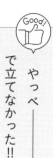

いいねがつかなくても、ガッカリすることはありません。

反応がなくても、スベっても、世間的には「なかったこと」になるからです。失敗だけが消え、自分の中には「経験と学び」が残ります。トータル、プラスでしかありません。

ぼくだって、読まれない文章を書いたことは無数にあります。売れなかった本もたくさんあります。ヒットメーカーの秋元康さんだって、スベった企画はあるでしょうし、「君の名は。」で有名な映画プロデューサーの川村元気さんだってスベった作品はあるはずです（おそらく）。うまくいっていないから、知られていないというだけなのです。

ほとんどの人は成功例だけを見てくれます。

「あの人は『君の名は。』をヒットさせた人だ」と考える人が大半で「あの人は○○という企画がスベった人だ」とは言いません。

失敗を恐れる必要はないのです。成功だけが目立つからです。失敗した者勝ちです。

しかも、失敗すると次に成功する確率は上がります。

もちろん、普通の人にとっての「世間」というのは、半径10メートルくらいだったりするので「会社の人に変な目で見られたくない」「近所の人に見られたら恥ずかしい」という気持ちはわかります。でも、スベったものは流れていくだけです。一方、反響のあったものはみんなに知られていくわけです。いちいち失敗を気にしていては、何も発信できなくなってしまいます。

初期の段階では、何を書いても、思ったほどの反応がなくてガッカリするかもしれません。でも、そこからあと10本くらい書いてみると「あれ？　ちょっと、これ反応あったな……」というものが出てきます。

むしろ**「読まれない文章をいかに書けるか」が重要です。**

最初のうちはとにかく発信して、どんどん失敗すること。「どれだけいいねのつかない文章を発信できたかが勝負だ」くらいに考えておきましょう。

CHAPTER 1 まとめ

こうすれば、書くネタに困らない

01

自分の中からひねり出さない。人から聞いたこと、自分が見たことなど「取材」をして、書きたいことを見つける。

02

一から書くのではなく、「音声入力」なども利用して考えの核を固めてから、細部を直していく。

03

「読まれないといけない」「読まれなかったらどうしよう」という自意識を捨て去る。とにかく、書く！たくさんスベろう！

コラム

すべて「企画」から始まる

ぼくはこれまで本の企画をたくさん立ててきました。

実現したものしなかったもの、売れたもの売れなかったもの、いろいろありますが、つねに「どんな企画ができそうかな?」と考えながら生活をしてきました。

ここでは、書く以前に「書くための企画」が思い浮かばない人のために、企画の立て方をお伝えしようと思います。

01 「悩み」はそのまま企画になる

あなたに悩みはありますか?

「肩こりがひどい」「職場の人間関係がぎくしゃくしてる」「やせたい」

もしそういった悩みをお持ちなら、それがそのまま企画になります。

・肩こりがひどい↓**「肩こりを一発で治す最強ストレッチ」**
・職場の人間関係がぎくしゃくしてる↓**「職場の空気をよくする雑談力」**
・やせたい↓**「楽しく生活しながらムリなくやせるダイエット」**

というぐあいです。

もし「企画が出ない！」という悩みがあるのなら、それすら『企画が出ない！　という人のための企画の立て方』という「企画」になるでしょう。

「悩み」は企画の宝庫です。悩みが多い人は、最強の企画者になれるはず。ぜひ自分の悩みを探ってみてください。

02 「誰に」会いたいですか？　「何を」聞きたいですか？

あなたに会いたい人はいませんか？　好きなタレント、俳優はいませんか？　アイドルでもいい。クリエイター、漫画家などでもいいでしょう。会いたい人、憧れの人はいないでしょうか？

そういう人に会いに行く……だけでは、残念ながらただのミーハー。企画にはなりません。でも、そういう人に「聞きたいこと」があれば企画になります。「〇〇さんに〇〇を聞きたい」という思いは、そのまま企画です。

ちなみにぼくの場合は、

・隈研吾《くまけんご》さんに人生哲学を聞きたい
・元SMAPのマネジャー飯島さんにプロデュース論について聞きたい

といった思いがあります。これが実現すれば**『隈研吾の人生哲学』『SMAPを育てた伝説のマネジャーのプロデュース論』**といった本ができるはずです。

03 「怒り」を企画に変える

よくイライラする人。モヤモヤする人。「あの人ってどうなの?」「あんな行為は許せない!」などと、よく怒っている人も、いい企画者になれます。

「ハロウィンの浮かれた感じが好きじゃない！」

「フェイスブックのイベント案内にわざわざ不参加表明を書く人がムカつく」

「税務署でもらう確定申告の説明書みたいなやつがわかりにくすぎる」

など、「は？」と思ったら、一瞬イラッとしたら、素通りせずにいちいち立ち止まってみるのです。すると、これが「企画の種」になります。


せっかく怒ったのです。そのままにしたらストレスになって終わるだけ。「どうやったら企画になるだろう？」と一歩進んで考えてみましょう。

・ハロウィンの浮かれた感じが好きじゃない！
↓**「引っ込み思案のあなたがハロウィンを120％楽しむ方法」**
・フェイスブックのイベント案内にわざわざ不参加表明を書く人がムカつく
↓**「SNSで見かけるイタい人100選」**

・税務署でもらう確定申告の説明書みたいなやつがわかりにくすぎる
↓「確定申告の説明書を超わかりやすくリライトしてみた」

といったぐあいに企画に変身します。

いい企画を立てようと思ったら、逆説的ですが「企画を立てよう」と思わないことです。「企画、企画、企画……」と考えてしまうと、魂の入らない「それっぽい」コンテンツができあがります。

そうではなく、

①「悩み」を探る
②「誰に何を聞きたいか」考える
③「怒り」を探る

まずはこの3つの方法を試してみてください。そうすれば、魂のこもったいい企画がきっと生まれるはずです。

CHAPTER

2

伝わらなくてしんどい

「わかりやすい文章」の基本

「わかりやすい文章」のたったひとつの条件

「あなたの文章はわかりにくい」
「なんだか読みにくい」
「何が言いたいのかわからない」
「もっとわかりやすく説明してくれ」

そんなことを言われてしまうあなたのために、この章では「わかりやすい文章」「読みやすい文章」のつくり方について解説していきます。

突然ですが、「わかりやすい文章」とはなんでしょうか？

いろいろな定義があるでしょうが、ぼくがいちばんしっくり来ているのは、**「読む速度と理解する速度が一致する文章」**という定義です。

理解が追いつかない文章だと、何度も読むはめになります。一方で、わかりきったことをくどくどと書かれるとイライラしてしまう。読みながらスーッと脳に染み込んでいくような文章が「わかりやすい文章」なのです。

たとえば、次ページのような文章があります。

適切な例が思い浮かばなかったので、テキトーに国会の答弁書から引っ張ってきました(ちゃんと読まなくてもいいです)。

労働政策審議会の各分科会の委員並びに臨時委員及び専門委員は、労働政策審議会令第三条において、労働者を代表する者、使用者を代表する者及び公益を代表する者並びに障害者を代表する者のうちから、厚生労働大臣が任命することとされている。

労働者代表委員及び使用者代表委員については、我が国の労使それぞれの代表的団体の意見を踏まえ、労働者及び使用者の利益を代表するにふさわしいかなど種々の要素を同大臣が総合的に勘案して、公益代表委員については、公益を代表するにふさわしい経験、識見を有しているかなど種々の要素を同大臣が総合的に勘案して、障害者代表委員については、我が国の代表的な障害者関係団体の意見を踏まえ、障害者の利益を代表するにふさわしいかなど種々の要素を同大臣が総合的に勘案して、適格者をそれぞれ任命している。

〈出典〉http://www.shugiin.go.jp/internet/itdb_shitsumon.nsf/html/shitsumon/b196097.htm

よくわかんないですよね？

政治家や官僚のみなさんがやりとりするぶんには、これでいいのかもしれません。公的な文書なので、読みやすさよりも正確性を重視しているのでしょう。

ただ、これは一般の人が読んでパッとわかるようなものではありません。**「読む速度に理解する速度が追いつかない」文章**だと言えます。

この文章で言いたいのは、「労働政策審議会のメンバーは厚生労働大臣が選びますよ」ということです。そのうえで「どういう人の中から、どういう基準で選ぶのか」が書かれています。

ぼくなりに理解して整理してみると次ページのようになります。

労働政策審議会の委員は、厚生労働大臣が任命します。
大臣は、
①「労働者」を代表する人
②「使用者（経営者など）」を代表する人
③「公益」を代表する人
④「障害者」を代表する人
のなかから委員を選びます。
これは「労働政策審議会令」の第三条に書いてあります。

①〜④、それぞれの選び方はこうです。
①労働者を代表する人が、労働者の代表的な団体の意見を聞きます。そして「労働者の利益を代表するにふさわしいか」などを大臣が総合的に考えて選びます。
②使用者も同じです。
③公益を代表する人は、「公益を代表するにふさわしい経験、学識や意見を持っ

ているか」などを大臣が総合的に考えて選びます。

④障害者を代表する人は、まず、代表的な障害者関係団体の意見を聞きます。そして「障害者の利益を代表するにふさわしいか」などを大臣が総合的に考えて選びます。

専門家ではないので、細かいところは間違っているかもしれません。ただ、大枠はこういった感じでしょう。後者の文章は、ある程度「読む速度」と「理解する速度」を一致させることができたのではないかと思います。

前提として大切なのは、**書き手が内容をきちんと理解している**ということです。たまに、書き手自身が書く内容をぼんやりとしか把握していない場合があります。そういう人の書く文章が読みやすくなるはずがありません。**書き手が理解していないものを読み手が理解できるはずがない**のです。

一文は短いほうがいい

わかりやすい文章のつくり方をひとつずつ見ていきましょう。

まずは**「一文をなるべく短くする」**ということです。

先ほどの例で言えば、

労働政策審議会の各分科会の委員並びに臨時委員及び専門委員は、労働政策審議会令第三条において、労働者を代表する者、使用者を代表する者及び公益を代表する者並びに障害者を代表する者のうちから、厚生労働大臣が任命することとされている。

は、長すぎます。一文が長すぎる。よって、いくつかに分けます。すると、

Good!

労働政策審議会の委員は、厚生労働大臣が任命します。大臣は、①「労働者」を代表する人、②「使用者（経営者など）」を代表する人、③「公益」を代表する人、④「障害者」を代表する人のなかから委員を選びます。これは「労働政策審議会令」の第三条に書いてあります。

と3つの文に分けられます。

別の例を出しましょう。たとえばこんな文があったらどうでしょうか？

Bad!

国境の長いトンネルを抜けると雪国だったんですけど、夜の底が白くなったところに信号所に汽車が止まって、向側の座席から娘が立って来て、島村の前のガラス窓を落すと、雪の冷気が流れこみました。

途中から理解が追いつかなくなって「ちょっと何言ってるかよくわからない」状態になったのではないでしょうか？

国境の長いトンネルを抜けると雪国であった。夜の底が白くなった。信号所に汽車が止まった。
向側の座席から娘が立って来て、島村の前のガラス窓を落した。雪の冷気が流れこんだ。

（川端康成『雪国』より）

一文は短いほうが理解しやすいですし、リズムができて読みやすいことがわかるでしょう。「国境の長いトンネルを抜けると雪国であったのだが……」とダラダラ続くと、なんだか歯切れも悪いし、疲れてしまいます。

短い文はバカっぽいと思うかもしれません。「頭をよく見せたい」「ちゃんとした文章を書きたい」と思えば思うほど、文は長くなりがちです。しかし逆なのです。

短くシンプルな文ほどわかりやすくて、むしろ頭がよく見えるはずです。

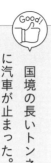

ひとつずつ伝えればいい

労働政策審議会の各分科会の委員並びに臨時委員及び専門委員は、労働政策審議会令第三条において、労働者を代表する者、使用者を代表する者及び公益を代表する者並びに障害者を代表する者のうちから、厚生労働大臣が任命することとされている。

この文は、ひとつの文であらゆることを言おうとしています。一度にすべて伝えようとすると、読み手に情報がなだれ込んでしまい、理解が追いつかなくなります。

上記の文を分解すると、以下のことを言っています。

・委員は大臣が任命する

・それは労働政策審議会令第三条に記されている
・委員は労働者、使用者などの代表者のなかから選ぶ

ひとつの文で複数のことを伝えようとしない。基本的にひとつの文ではひとつのことが伝わればいい。ひとつずつ伝えることです。

目の前の人に、りんごとみかんとバナナを一度に渡すとどうなるでしょうか？　困るはずです。いくつかは落としてしまうでしょう。そうではなく、ひとつずつ渡す。「はい、りんご」「はい、みかん」というように渡していけば、相手も落とさずに処理できるはずです。

Bad!

猫は動物であり哺乳《ほにゅう》類である一方で犬も動物であり哺乳類であるが、ぼくは猫だけが好きなのであって同じ動物だったとしても犬は好きではない。

ではなく、

文章はひとつずつていねいに伝える

理解が追いつかない

理解しやすい

猫は動物です。哺乳類でもあります。犬も動物です。哺乳類です。ぼくは、猫が好きです。猫も犬も動物です。ただ、犬は好きではありません。

と書けばいいわけです。

「AはBです」というようにシンプルに言い切ることが大切なのです。**一度にすべてを伝えようとするから、わかりにくくなります。**

「AはBです」「CもBです」と一つひとつ処理していく。「ここまではわかりますよね？ ここまではわかりますよね？」と読み手に確認するように書いていけば、わかりにくい文章は生まれないはずです。

エスプレッソのような文章を書いてはいけない

わかりやすい文は、ちょうどいい「濃度」である、とも言えそうです。
たとえばこんな文はどうでしょうか？

検索技術の進歩、機械学習精度の向上、またディープラーニングの活用等、コンピュータが我々の脳を代替し、かつ超越するような時代が到来している。

……って、もうわからないですよね？　「検索技術の進歩」くらいで、もういいや、となります。

これはコーヒーの濃度でたとえるなら「エスプレッソ」を飲まされている感じです。飲みにくい。一口飲んだだけで「わっ、苦《にが》っ」となってしまいます。情報が一気に来るので、濃すぎて苦いのです。

この文章はどうすれば適度な濃さにできるでしょうか？

まずはきちんと中身を理解して、**噛《か》み砕いた表現に換えていく**ことです。

難しくなりがちな文章の特徴は、イメージしづらい「熟語」がたくさん出てくることです。例文にも「進歩」「向上」「代替」などの熟語が出てきます。これを減らすだけで、スッキリ見えるだけでなく中身も伝わりやすくなります。

・進歩→**進んでいる**
・向上→**上がっている**
・代替→**代わりになる**
・超越→**超える**
・到来→**来ている**

さらにこれまでにお伝えしたポイントを押さえつつ改善していくとこうなります。

Good!

検索の技術は、どんどん進んでいます。AI・人工知能の精度も上がってきています。ディープラーニング、つまりコンピュータ自身がより深く学ぶようにもなっています。
コンピュータが私たちの脳の代わりを果たすようになってきている。さらには「脳を超える」時代がやってきているのです。

わかりにくい文というのは、読者から時間を奪っているのと同じです。「はい、エスプレッソ」と出されても、読者は苦くて飲みにくいから、いちいちミルクを入れたりして薄めないといけない。
わかりやすい文を書くことは、読み手に時間のプレゼントをするのと同じくらい価値があるのです。

「過不足」のない文章を心がける

伝わる文章は、過不足のない文章とも言いかえられます。

そのためにも**「なるべくシンプルに言えないか？」を考える**ことです。いきなり高度なことをしようとせず、基本を押さえることがなにより大切なのです。

料理がうまい人ほど、まずレシピどおりにつくります。

新しい料理をつくろうと思ったときに、料理上手な人ほどレシピを見ながら、きちっと分量を計ってつくる。だから、おいしくできるのです。

料理が下手な人ほど、なぜかレシピを見ずにいきなり「アレンジ」してしまいます。ベーシックなカレーすらできていないのに、**「カレーにコーヒーの粉を入れるとうまいって聞いたから入れてみよう」**みたいなことばかりやるのです。

同じことが文章でも言えます。

「美しい文章を書きたい」「頭がよさそうな文章が書きたい」という思いが先行してしまって、そもそも伝わってすらいないのに、いきなりアレンジをしてしまうわけです。

アレンジをしていいのは、基本がきちっとできているシェフだけです。

基本的な肉じゃがをつくれるから、「じゃあ、カレー肉じゃがをつくろう」とアレンジしたり、「ちょっとはちみつを足してみよう」といった小技が使えるのです。

ぼくらはプロの作家ではありません。まずはシンプルを目指しましょう。

削ることができるものは、なるべく削る

余計なものはどんどん削っていきましょう。
余計な脂肪をとりのぞいて、なるべくシンプルにしていくと、過不足のない「筋肉質」な文章ができあがります。
どう削ればいいのか、ひとつずつ見ていきましょう。

①「説明しなくてもいいもの」を削る

説明しなくてもいいものは、削ります。

Bad!

朝起きると、空がとても晴れていて、本当に気持ちよかったので、私はうちで

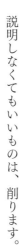

飼っている犬と一緒に家の近くの公園を散歩して歩いた。

この文は、

朝、晴れていて気持ちよかった。愛犬と近所の公園を散歩した。

ここまで削ることができます。

まず、朝はだいたい起きるものだから、「朝起きると」ではなく「朝」だけで十分伝わります。「空が晴れていて」も、晴れるのは空に決まっているので「空が」を削ります。「これ、必要かな?」と迷ったら、まず削ってみることです。そこで意味がわかればそのままにしておきましょう。

また、**「本当に」や「とても」「すごく」といった強調の言葉も使いがちです。ここぞというときに使うのは効果がありますが、あまり多く使ってしまうと逆効果**です。

「うちで飼っている犬と一緒に」は「愛犬と」の3文字で表すことができます。「家の近

朝~~起きると、~~

朝は起きるものなのでカット

~~空がとても~~晴れていて

晴れているのは「空」なのでカット

~~本当に~~気持ちよかったので、

意味のない「とても」や「本当に」はカット

~~私はうちで飼っている犬~~と~~一緒に~~

「愛犬」に凝縮　　「一緒に」をカット

~~家の近く~~の公園を

「近所」に凝縮

散歩し~~て歩い~~た。

「歩いた」をカット

↓

朝、晴れていて気持ちよかった。
愛犬と近所の公園を散歩した。

く」も「近所」でOK。難しい熟語は避けつつ、まずはなるべくシンプル、簡潔を目指しましょう。

②「私は」「思います」を削る

よく見るのが、「私は〜だと思います」という文です。

本の原稿整理をしていると、「思います」がやたら多い著者の方もいます。そもそも**「私は」は、あえて言わなくてもわかる場合が大半です。**

「思っている」から書くのです。よって、わざわざ「思います」と書かなくてもいいでしょう。あえて断言を避けて言葉を和らげる効果はありますが、思い切って「思います」を取ると文に覚悟が生まれます。

③「○○ですが」「○○なので」は危険

注意したいのが「○○ですが」という言い方です。

文が長くなりがちな人の文にはたいてい「○○ですが」という謎の「が」が入っています。文をつなげるために「が」を使い始めると、文がややこしくなっていきます。

Bad!

今日のランチは恵比寿の洋食屋さんに行ったのですが、そこで食べたオムライスが最高でした。

こういった文も

Good!

今日は恵比寿の洋食屋さんでランチをしました。オムライスが最高でした。

とシンプルにできます。分けられるならどんどん分けましょう。

同じような例に、「ので」もあります。

「が」と同じように、文が長くなりがちな人は「ので」を使いがちです。

「立派な文を書かなくてはいけない」という意識が強いと、つい「○○なので」と書いてしまいがちです。「ので」と書いてしまったため「その後に何か言わないといけない」気分になって、余計な情報を入れてしまうのです。

Bad!

ぼくの夢は出版社をつくることなので（あ、「ので」を入れてしまった……何か書かなきゃ……）お金を貯めています。

「お金を貯めています」ということが言いたいわけではなかったとしたら、「ので」を書く必要はないのです。

④ 余計な「という」を削る

これもよく言われることですが、余計な「という」も削りましょう。

Bad!

ぼくの夢は出版社をつくるということです。

ではなく、

Good!

ぼくの夢は出版社をつくることです。

たしかに「出版社をつくる」の部分を強調したいときは「という」を入れるときもあるかもしれません。**ただ、まずは「という」を外してみて、違和感がなければそのままでいい**でしょう。

⑤ 前置きを削る

前置きが冗長《じょうちょう》な人もいます。
ネットでよく見かけるのが、こんな文章です。

「働き方改革」が声高に叫ばれるようになって久しい。
いかに効率的に働くかが、多くの労働者に問われているのだ。
最近はチャットやビデオ会議などを活用したリモートワークで仕事を進める人も多いだろう。
今回は10年前からリモートワークを活用して来た筆者が「リモートワークを円滑に進めるコツ」をお教えしたいと思う。

これは余計な前置きです。雑誌のリードのような文なのですが、いまどきこれをていねいに読んでくれる人は稀《まれ》です。いきなり本題に突入したほうがいいのです。

わざわざ言わなくてもわかるような部分は全部カットします。

~~「働き方改革」が声高に叫ばれるようになって久しい。~~

~~いかに効率的に働くかが、多くの労働者に問われているのだ。~~

~~最近はチャットやビデオ会議などを活用したリモートワークで仕事を進める人も多いだろう。~~

~~今回は10年前からリモートワークを活用して来た筆者が「リモートワークを円滑に進めるコツ」をお教えしたいと思う。~~

余計な部分を全部カットして、

今回は、「リモートワークを円滑に進めるコツ」をお教えします！

にすればいいのです。

短い文章で伝わるなら、それに越したことはない

「長い文章を書かなくてはいけない」「長い文章を書ける人が偉い」というのは思い込みです。

よく初めて本を書く人が「140字のツイッターなら書けるけど、10万文字近い文章は書けない。書くことがない」と言ったりします。ならば、書かなくていいのです。短く十分伝えられるのであれば、ツイッターで十分でしょう。

とにかく「考えや思いが伝わる」ことが大切です。その手段としてツイッターや書籍がある。もしツイッターだけで考えや思いを伝えることができるなら、本は書かなくてもいいのです。

長い文章のほうが大変だし価値がある、というのは錯覚《さっかく》です。

ダラダラと長い文章を書くだけなら、指を動かし続ければできてしまう。それが「伝わるかどうか」という部分が大切なのです。もし140文字できちんと伝えられるので

あれば、書く側読む側にとってこんなにいいことはありません。

ぼくの考えは「短くできるのであれば短くしたほうがいい」というものです。読み手のことを考えれば、短い文で何かを伝えられるのであれば、それに越したことはありません。長い文章は、実は「読者ファースト」ではないのです。

一方で、長い文章は「コミット力」を高める効果があります。読み手は何時間もかけて文章を読むわけですから、著者の世界観にどっぷり浸からせることができます。映画にたとえるなら、「千と千尋の神隠し」が1分の動画だったらどうでしょうか？　あの世界に入ることはできないでしょう。2時間ほど観続けるからこそ、没頭できるし、違う世界に行った感じを味わえるのです。

長い文章が偉いというわけではありません。**文章の長さは目的によって使い分ければいい**というだけです。小説は長いほうが没入感を強められるでしょうし、ノウハウ本であれば短くてサクサク読めるほうが読者は喜ぶでしょう。

「文章のデザイン」を考える

読みやすい文章は、パッと見た瞬間に「読みやすそう！」と思えます。
たとえば、こんな2つの文章があります。

〈A〉

彼女の名前は忘れてしまった。死亡記事のスクラップをもう一度ひっぱり出して思い出すことも出来るのだけれど、今となっては名前なんてもうどうでもいい。僕は彼女の名前を忘れてしまった。それだけの事なのだ。昔の仲間に会って、何かの拍子に彼女の話が出る事がある。彼らもやはり彼女の名前を覚えてはいない。ほら、昔さ、誰とでも寝ちゃう女の子が居たじゃないか、なんて名前だっけ、すっかり忘れちゃったな、俺も何度か寝たけどさ、今どうしているんだろうね、道でばったり会ったりしても妙な物だろうな。昔、或る所に、誰とでも寝る女の子が居た。それが彼女の名前だ。

〈B〉


彼女の名前は忘れてしまった。

死亡記事のスクラップをもう一度ひっぱり出して思い出すこともできるのだけれど、今となっては名前なんてもうどうでもいい。僕は彼女の名前を忘れてしまった。それだけのことなのだ。

昔の仲間に会って、何かの拍子に彼女の話が出ることがある。彼らもやはり彼女の名前を覚えてはいない。ほら、昔さ、誰とでも寝ちゃう女の子がいたじゃないか、なんて名前だっけ、すっかり忘れちゃったな、俺も何度か寝たけどさ、今どうしているんだろうね、道でばったり会ったりしても妙なものだろうな。

――昔、あるところに、誰とでも寝る女の子がいた。

それが彼女の名前だ。


（村上春樹『羊をめぐる冒険』より）

AとBは同じ文章です。しかし、Bのほうが読みやすいはずです。

パッと見たときにAは文章の塊がドンとあるだけ。Bのほうは「彼女の名前は忘れてしまった。」の後で改行されているので、最初の1行が目に入ってきます。

「あたりまえじゃん」と思われそうですが、意外とできている人は少ないものです。

これは、「文章の中身」の問題というよりも「デザイン」の問題と言えそうです。

いまは情報があふれかえっていて、「読むか読まないか」を一瞬で判断される時代です。

そういうときに、**パッと見て「読みやすそう」と思われることはますます重要になってきています。**

プロの作家やコラムニストの方の文章を見ると、きちんと「デザイン」されています。

ポイントを見ていきましょう。

① 4～5行くらいで改行する

読みやすいデザインにするポイントは「改行」です。

改行することを恥ずかしいと思っている人もいるかもしれません。「改行しすぎると、スカスカに見えてバカっぽい」と。もちろん改行なしでも読みやすい文章はあります。

むしろ改行しないからこそ没入できる場合もある。ただ、それができるのはそもそも文章がうまい人だけです。

まずは改行を多めにして「読んでもらう」ことを目指しましょう。

目安としては4〜5行以内で改行することです。それだけでパッと見て読みやすそうに見えるはずです。

② 迷ったら「ひらく」

出版業界では、ひらがなにすることを「ひらく」といいます。

「ここは漢字にしようか、ひらがなにしようか」と迷ったら、ひらくと読みやすくなります。可能な限りひらくのがプロっぽく見せるポイントです。

たとえば「僕」は「ぼく」にします。漢字でもいいのですが、ひらがなだとなんとなく「エモさ」つまり感傷的なニュアンスが出ます。

どこを「ひらく」かというのに、答えはありません。人によって違います。

「常に」を「つねに」としたり「例えば」を「たとえば」にしたり。きちっと見せたいなら、漢字を少し多めにしたり、なるべく読んでほしいのであれば、ひらがなを多く使ったりします。TPOによりますし、その人のキャラクターや、どう見せたいかによって変わってくるのです。

漢字を多くしたほうが、頭がよく見えると思っている人がいます。「ございます」を「御座います」にしたり、「ありがたい」を「有り難い」と書いてしまうような人もいます。

しかし、逆です。**ひらがなを多くしたほうがむしろプロっぽく、頭がよく見えます。**

ひらがなの使い方のプロフェッショナルは、やはり糸井重里さんでしょう。糸井さんの書く文章はひらがなが多く使われています。

ちなみに糸井さんは「読みやすくするために」ひらがなを使うのではなく、「読みにくくするために」ひらがなを使うこともあるそうです。ひらがなにすると、読むスピードが落ちます。その効果を利用して、じっくり嚙みしめるように読んでほしいときに、あえてひらがなにするのだそうです。

読み手にどういう効果を与えたいか。そこから逆算すれば「漢字にするか、ひらがなにするか」の答えは見えてくるはずです。

「論理的」とは、つまり「わかる」ということ

「論理的に書きましょう」とよく言われます。

「論理的」ってなんでしょうか？

文法が正しいことでしょうか？　「そして」や「しかし」などの接続詞を使えば論理的なのでしょうか？

専門家の方に聞けば、いろいろな答えが返ってくるでしょう。ぼくはシンプルに**「論理的＝わかる」と定義しています。**

文章を読んでみて「わかる！」と多くの人が思えば、それは「論理的」なのでしょうし、いくら接続詞を使っていても「わからない」と多くの人が思えば、論理的ではない。文章の最初から最後まで「ふむふむ、わかるわかる」とつながっていって、最後の文まで行き着けば、論理的な文章です。

とにかく「わかる」文章になっていればいいのです。**最初から最後まできちっとつながっていればいい。**

そのためには、書いた文章を時間を置いて何回か読んでみることです。夜に書いた文章を次の朝に読み返してみると「なんか、ここ飛躍してるな」「なんでここから別の話に行っちゃってるんだろう」と引っかかる部分が見つかるでしょう。そこを一つひとつ直していくことで論理的な文章に近づけていくのです。

いちばんいいのが、**他人に読んでもらうこと**です。その文章を初めて読む、利害関係のない人に読んでもらうのです。家族や友だちに読んでもらうと「うーん、ここのつながりがよくわかんなかった」とか「ちょっとここの文がわかりにくい」などと指摘してもらえるでしょう。

ぼくも原稿を世に出す前に、知り合いに読んでもらうようにしています。「こういう一文がないと、ちょっと唐突だよ」と言われたら、そこを付け足して、なるべく「論理的」な文章に近づけていきます。

会話はかならず「論理的」である

ＣＨＡＰＴＥＲ１で音声入力を活用する方法をご紹介しましたが「誰かとの会話」というのはかならず論理的になっているはずです。

たとえば、

「このあいだ、大変でしたね？」

「え？　なんでしたっけ？」

「ほら、電車が遅延して……」

「あー、はいはい。いやほんとに」

「有楽町線、車両故障であんなに遅れること、ないんですけどね」

「有楽町から動けなかったですからね」

「どうしてたんですか？」

「近くのスタバで仕事してました。タクシーで行こうかとも思ったんですけどねー」

「いや、やめたほうがいいですよ。豊洲《とよす》までだと、けっこうお金かかるんで」

会話はお互いが理解しているから成り立つものです。もしどちらかが理解していない場合は「え？　なんでしたっけ？」と聞き返すはずです。それを受けてもう一方はわかるように言葉をつなぎます。

ちなみにこれを一人称に整えてみると「論理的」な文章になるはずです。

このあいだ電車が遅れて大変だった。有楽町線が車両故障で止まってしまったのだ。あれほど遅れることはあまりないという。

ぼくは有楽町から動けなかったため、近くのスタバで仕事をしていた。豊洲までタクシーで行こうかとも思ったがやめた。けっこうお金がかかるらしい。

このように**会話から文章にしていくのは、論理的な文章を生み出すいちばん簡単な方法**です。

本の取材のときも、インタビューをしていて「ちょっと、ここわかりにくいな」と思えば**「もう少し詳しく教えてください」「具体的にはこういうことですか？」**と聞きます。だから、ちゃんと論理がつながるのです。

ずっと一人で書いていると、もしかしたら誰にも理解できないことを書き続けてしまう可能性もあります。気をつけていても論理が飛躍してしまうことはある。

逆にすでにみんなが知っている話を長々と書いてしまう危険性もあります。

取材であれば、知っている話が始まった場合、早々に打ち切らせることができます。「利他の精神が大切で……」などと始まると「ああ、その話、前にも聞いたな」と思って「ああ、よく仰ってますよね。あと、ちなみになんですけど」と次の話題に行けます。

もし取材ではなく一人で書いていたら「利他の精神の話は大切だから、きちんと書いておいたほうがいいだろう」と、読者が知っている話を5ページくらいにわたって書いてしまうでしょう。よっぽどの共感能力がないと一人で書くのは難しいのです。

読み手に「前提知識」がどれくらいあるか

伝えたい相手にどれくらい知識があるのか？

何がわかっていて、何をわかっていないのか？

そこを先回りし想像したうえで、文章を書くことも大切です。


「桃から生まれた？」と言えば、みんな「桃太郎だな」とわかります。

でも「梨から生まれた？」と言うと、みんな「？？」となるでしょう。「え、なんですか？　ふなっしーですか？」となるかもしれない。

「桃から生まれた」だけでほとんどの人が理解できるのは、「桃太郎」という話を知っているからです。前提の知識があるからひとこと伝えるだけで一気に伝わります。

論理的というのは、文法や論理学のようなことだけではなく「相手がどれくらい前提知識があるか」によっても変わってきます。

論理やわかりやすさを追求するには、読み手の前提知識をきちんと意識しておくことが大切です。「AはBです」「BはCです」とわかりやすい形式になっていても「クライアントの求めるソリューションはUXの改善です」などと、自分のまわりや業界の用語で書いてしまうと伝わりません。

中高生でもわかるように書く

世の中にはいろんな人がいます。それぞれ、持っている前提知識も違います。**もしSNSなどを使って多くの人に文章を届けたいのであれば、多くの人の前提知識に合うような書き方をする必要があります。**

以前、経営者の記事を書くときに「まわりの社長がスゴすぎて、吐きそう」というタイトルをつけました。このタイトルであれば特に前提知識がなくても興味を持ってもらえると思ったからです。結果的に多くの人に読んでいただけました。

もしこれが「動画3・0時代を牽引《けんいん》するベンチャー経営者の挑戦」というタイトルだっ

たらどうでしょうか？

もちろん動画に興味がある人は読むでしょう。ベンチャー経営者に興味がある人も読んでくれるかもしれません。でも、それ以外の人にとっては「よくわからない」ことです。動画やベンチャーの前提知識がない人にはスルーされてしまうでしょう。

「わかりやすい」とは、コンテンツ自体がわかりやすいということはもちろん、読み手に前提知識があることが条件です。特にSNSには「業界」という枠を越えて、バックグラウンドがぜんぜん違う人が集まっています。その人たちに届けようと思うのであれば、彼らの前提知識でもわかるような共感できる文章を書くことが求められるわけです。

「中学生、高校生くらいの人にも理解できるように書きましょう」とよく言われます。それは中学生、高校生は、どの「業界」にも属していないですし、前提知識が共通しているからです。

逆に言えば、**中学生でも知っていることは省略してもいい。**「夏は暑い」「カレーは辛い」などいちいち説明する必要はありません。案外そういう文は多いものです。不特定多数の人に届けたいと思うのであれば、中高生でもわかるように書いてみましょう。

#「結論」は先に言う

カリフォルニアの突き抜けるような青空がどこまでも広がっていた。私が国道2号線を走っているときに、助手席にいた娘のメイが突然こんなことを言い出した。「ねえ、おかあさん、心ってどこにあるの?」と。それは本当に突然のことだった。私がこの本を書かなければと思ったきっかけは、このときだった。

翻訳本を手に取ると、よくこんな書き出しを見かけます。

……いや、まあ、悪くはないのですが、早く中身を知りたい人にとっては「え? 何? カリフォルニア? メイ? 誰?」みたいになります。本を書こうと思ったきっかけで10ページくらい使っていたりします。

なぜ洋書はあんなに冗長なのでしょうか? これは仮説ですが、おそらく「読書家」

が読むことを前提としているからでしょう。高価な本を買うくらいの人をターゲットにしているので「読まれる前提」で書かれている。だからじっくり前置きから固めていくことで本の中身に入りやすくしているのです。

もしあなたが有名な作家であれば、無条件に読んでもらえます。でもそうではないのであれば、こういった書き出しはリスキーです。

なによりもまず「結論」を先に言いましょう。

それは「わかりやすいから」という理由もありますが、みんな時間がないからです。フルコースで言えば、前菜から食べている暇がないのです。前菜のテリーヌがいまいちであればすぐ離脱されてしまいます。そのあとに極上の鴨《かも》のローストが待っていたとしても、です。

文章を「頑丈な家」にする

まず**「結論」**を言うことです。

そのあと、それを補強するために**「理由」「例」「詳細」**を言います。

たとえばこういうぐあいです。

結論 理由 例

メモをとることは大切です。
なぜなら、クリエイティブなことに時間を割くためです。「より本質的なこと」に時間を割くためにメモをすることは重要なのです。
たとえば「会議でどんなことが話されたか」「そこに何人座っていたか」などの情報は単なる「事実」です。そこからどうアクションするのかを考えるのが「クリエイティビティ」です。「過去のファクトを思い出す」という余計なことに時間を割かないためにメモをするわけです。

結論をまず最初に言い切る。その後「なぜ、そうなのか」という理由を言います。それでも少しわかりにくければ、例を使って補強します。

「理由」と「例」は、どちらもあればより論が補強されますが、わかりやすい内容であればどちらか一方でもいいでしょう。とにかく結論を補強するために、理由と例を使うというのが基本です。

「結論」とその他の要素

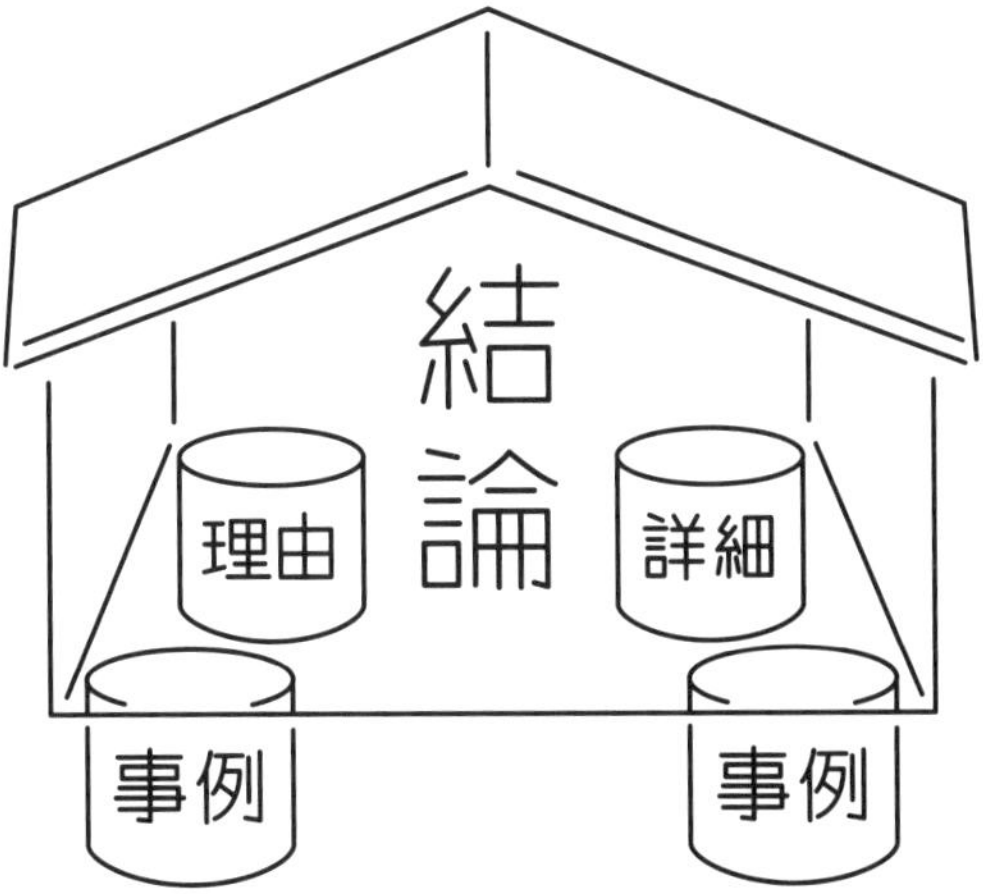

CASE 1

仕事に行き詰まったら「徹底的に調べる」のが効果的。 — **結論**

取引先のことをめっちゃ調べたり、関連する本や資料を徹底的に読み込んだり。いろいろ「知る」ことで突破口が見える。 — **詳細**

本をつくるときも「どうまとめよう？」と思ったとき、調べることでたいていは方向性が見える。いちばんダメなのが「悩む」こと。 — **事例**

CASE 2

「機嫌のいい職場」は生産性が高い。 — **結論**

上司部下問わずコミュニケーションがなされてモノゴトがどんどん進むから。 — **理由**

「不機嫌な職場」は生産性が低い。眉間にシワを寄せた上司には話しかけづらいし、ピリピリした他部署とは話したくない。

コミュニケーションは当然遅くなるのでモノゴトは遅々として進まない。 — **詳細**

結論

作業に集中したいときはスマホを手元に置いてはいけません。

例

「さあ、作業にとりかかるぞ」と思ったときに「ピロン」とLINEの通知が鳴る。「ちょっと調べものをしよう」と思ってスマホを見たらついでにツイッターを見始めてしまう。こんなことはないでしょうか？

理由

スマホは誘惑の塊です。どんどん新しい情報が入ってきます。作業に集中するためには、新たに入ってくる情報を遮断《しゃだん》して、目の前のことに集中する必要があるのです。

結論とその他の要素は、前ページの図のように家のような構造で説明できるかもしれません。結論がドンと上にのっかっていて、その下で理由や事例、詳細が支えている。

理由と例は複数あると、柱が増えて「頑丈《がんじょう》な」文章ができあがるというわけです。

「重心」のある文章になっているか

ひとつの文章で言いたいことはひとつにする。これが原則です。

結論、つまり「いちばん言いたいこと」がいくつもある文章をたまに見かけます。いろいろ言いたい気持ちはわかりますが、印象は散漫《さんまん》になってしまいます。

「あれもこれも伝えたい」といっていろいろ詰め込むと、読むほうは理解できないし、すぐに忘れてしまいます。

たとえばこんな文章があったとします。

私はスポーツで体を動かすのも好きだし、家の中でゲームをすることも好きです。インドア派かアウトドア派かと聞かれてもどちらとは言い切れません。趣味がいろいろあるからです。最近特にハマっているのがネットフリックスで作品を鑑賞することです。そして子どものころからずっと続けているのが読書です。読書はいろいろなジャンルのものを読みます。仕事で悩んだときはビジネス書を読みます。私にとってはエナジードリンクのようなものです。一方で小説もよく読みます。小説は役に立たないと言われますが、私はそんなことはないと思います。小説はいろんな人の立場に立つことができるので、想像力を養うことができます。最近はＳＮＳでの誹《ひ》謗《ぼう》中《ちゅう》傷《しょう》が問題になっていますが、みんな小説を読めば、他人がどう思うかを想像することができるようになり、やさしくなれるんじゃないかなと思います。

この文章の「結論」「いちばん言いたいこと」はなんでしょうか？
「たくさんの趣味がある」ということでしょうか？　「ネットフリックスにハマってい

る」ということでしょうか？　「子どものころから読書を続けている」ということでしょうか？

ここでは、書き手がいちばん言いたいことを「小説は役に立つ」ということだと仮定しましょう。そのメッセージをいちばん前に持ってきたうえで整えていきます。すると、こうなります。

Good!

小説は役に立ちます。

ビジネス書と違って、小説は役に立たないと思われがちですが、そんなことはありません。

小説はいろんな人の立場に立つことができるので、想像力を養うことができます。

最近はSNSでの誹謗中傷が問題になっています。

みんなが小説を読めば「他人がどう思うか」を想像できるようになるでしょう。他人にやさしくなれるはずなのです。

これだと、書き手が何を伝えたいかが一発でわかります。いきなり結論が来るので飽きることもないでしょう。

「どこに重心があるか」がハッキリしない文章は、遠くに飛びません。

重心というのは、いちばん言いたいこと、メインのメッセージです。

雪合戦のとき雪玉を固めますよね。そのときギュッと固めずにふわふわの雪のまま投げると、1メートルくらいしか飛びません。でもギュッと固めて「重心」をハッキリさせると飛びやすくなります。それに似ています。

重心がない文章は届かない。文章を書いたら「結局、これは何が言いたいんだろう？」と冷静に考えてみてください。それを思い切って冒頭に持ってくると、伝わる文章になるはずです。

大事なところだけを残せばいい

無駄な部分が多い文章は、伝わりにくくなります。

先ほどの例で言えば、「趣味がいろいろある」というくだり、ネットフリックスの話などは必要ありません。

仮に1万文字書いても、8000文字がおもしろくなければ2000文字の原稿にする。この勇気が大切です。「せっかく書いたのにもったいない」という気持ちはわかりますが、つまらない部分を残して結果的に読まれなければそれこそ「もったいない」。そこは「厳しい編集者」となって、バッサリ切ることが大切です。

「いや、趣味の話も伝えたいんだ」と思うのであれば、文章を分ければいいのです。「私には趣味がいろいろある」というもうひとつの文章を書けばいい。

ひとつの文章に、メッセージをいくつも盛り込まないこと。「あれも言いたい、これも言いたい」とやっていると「重心」が分散してしまうのです。

CHAPTER 2 まとめ

こうすれば、文章が伝わる

01

その文章、あなたはちゃんと理解しているか？　自分がわからない文章を書いてはいけない。

02

一文はとにかく短く。「この言葉、本当に必要？」と自分に問いながら、ていねいに文章を削っていく。

03

一文で多くのメッセージを伝えようとしない。いちばん伝えたいことは、先頭に持ってくる。

04

書き手である自分のことより、「読み手」がどう思うかを想像しながら書く。独《ひと》りよがりの文章は誰も読まない。読者にやさしい文章を！

コラム

取材と執筆をするときに便利な7つ道具

ぼくが取材と執筆のときに使っている道具をご紹介します。

01 ICレコーダー（オリンパスDM720）

取材時にいつも持っているのが、このICレコーダーです。パソコンのUSB端子に直接挿せてデータを移しやすいのと、乾電池式が便利なのでこれを使っています。

02 ツバメのA5ノート

取材時にメモするときのノートはツバメのA5サイズのノートです。手帳に挟んでいつも持っているので忘れません。アナログでメモをするときは、このノートに一元化しています。

03　ジェットストリームのボールペン

ボールペンはいろいろ使ってきましたが、いちばんなめらかでかすれもないので、これに落ち着きました。以来10年ほど使っています。メモするときも、ゲラに赤入れするときもすべてこれ1本です。

04　マックブックエアー

特筆することはないですが、メインはこれ。

05　ポメラ（DM100）

マックブックエアーは便利なのですが、ひとつ難点があります。それはネットにつながってしまうことです。そこで完全に執筆に集中したいときはポメラを活用しています。ポメラは執筆専用のガジェットで、いわばコンパクトな「ワープロ」です。

集中したいときは、ポメラにテキストデータを入れて喫茶店にこもれば、原稿が進むこと間違いなしです。

06 『世界名言大辞典』（梶山健／明治書院）

これはちょっとしたテクニックなのですが、原稿にちょっとした名言を入れると、おもしろくなります。よく、本の冒頭に名言が入っているのを見かけませんか？　名言があると、なぜか説得力が増し、深みが出るのです。というわけで座右にはこの辞典を置いてパラパラ見ています。

07 『ニュース予定』（共同通信社）

共同通信社が毎年出しているもので、1年間の主なイベントが網羅されています。書くネタがなくなったとき、企画を考えるのに便利です。

CHAPTER

3

読まれなくてしんどい

文章を「たくさんの人に届ける」方法

文章は基本的に「読まれない」

ここまでは「誰だって文章は書ける」ということを念頭に、「わかりやすい文章」の書き方をレクチャーしてきました。

ここからはレベルを一段階上げます。

わかりやすいだけでなく、きちんと「読んでもらえる」文章の書き方についてです。

急に厳しめになりますが、

みんな「読んでもらえる」と思いすぎです。

よくツイッターなどで「ぜひ読んでください！」などといったコメントとともに記事が流れてくることがありますが、「なんで？」と思うだけです。

もちろん「読んでください！」と書くのは悪いことではありません。

ただ毎回「押し売り」していては嫌われてしまいます。基本的にはタイトルや内容で

「自然と読んでしまう」ような文章を目指したいものです。

文章は「基本的に読まれない」と思っておきましょう。

いまはものすごく情報があふれています。テキストだけではなく、マンガもあるし、ネットフリックスやユーチューブなどの映像も無数にある。そんなにいろいろなおもしろいコンテンツがある中で**「なぜ、この文章を読む必要があるのか？」**を意識しておかなければ、スルーされて終わりです。「暇なときに読んでください」と言われても、このご時世、「暇な人」などいないのです。

誰もがコンテンツを発信できるようになったということは、すべてのコンテンツがプロのつくったコンテンツと比べられるということでもあります。**発信が簡単になっていく一方で、読んでくれるハードルは年々厳しくなっているのです。**

「なんで読まれないんだろう？」と相談に来る人もいますが、ほとんどの人が性善説すぎます。「最後まで読んでもらえたらわかるんですが……」と言う人もいますが、最後までどころか入り口にすら立ってくれない人が大半なのです。

「書く」という行為は、みんなができることです。

だから「作家やライターにならなれるんじゃないか？」と思いがちです。でも、書くことでご飯を食べられる人はほんの一握りです。

これは「歌う」ということでも同じことが言えます。

ほとんどの人が、ある程度「歌う」ことはできます。カラオケで高点数を叩き出すことができる人も多いでしょう。しかし、歌でご飯を食べるのはものすごく難しい。

「しゃべる」も同じ。しゃべるだけなら、誰でもできます。しかし、ダウンタウンのようにしゃべるだけで何億も稼ぐのは至難の業《わざ》です。

実は「みんなができること」だからこそ、それで食べていくのは大変なことなのです。

「基本的に読まれない」という前提に立つことはつらいことかもしれません。ただ、それくらいの覚悟で取り組んでいれば、明らかにまわりに差をつけられるはずです。

「好奇心がない人」にも届けないといけない

書くためには好奇心が必要である。それはそのとおりです。つねにアンテナを高くしておき、政治や経済、環境問題、国際問題……あらゆるものごとに興味を持って、首を突っ込む。それができれば武器になることは間違いないでしょう。

ただ一方で、多くの人に伝えるためには「好奇心の少ない人」にも届けないといけません。好奇心が旺盛《おうせい》な人に弱点があるとすれば、「みんな興味を持ってくれるはずだ」と思ってしまうところです。好奇心旺盛な人はなんにでも興味を持ちます。だから、まわりの人も興味があるはずだと勝手に思ってしまうのです。

実はぼくは、好奇心が旺盛なほうではありません。日常のことには関心があったり、ささいなことが気になったりはしますが、いろんな分野の本を読み漁るなどということはありません。それよりもテレビのバラエティ番組のほうが好きだったりします。

そこまで好奇心がないので、好奇心がない人の気持ちもわかります。だからつねに「好奇心のない自分ですら読みたくなるもの」を書こうとしているのです。

「みんな興味あるでしょ?」というスタンスで書かれた文章は読まれません。

文章を多くの人に読んでもらうためには、好奇心がない人にも届けなければいけない。つねにそこを忘れないようにしましょう。

「書きたいこと」と「読みたいこと」はズレている

書き手が「書きたいこと」と、読み手が「読みたいこと」はたいていズレています。

ぼくが出版社で編集をしていたころの話をします。

編集者は、著者候補となる人に企画の提案をしに行きます。そのときに気をつけていたのが、**「著者が書きたいこと」を提案するのではなくて、「著者が書きたいことと読者が読みたいこと」の2つが重なる部分を見つけて提案する**ことでした。「書きたいことと読みたいことのすり合わせ」をするわけです。

たとえば著者が「コミュニティについて書きたい」と思っていたとしても、その著者にコミュニティのことを聞きたいという読者がどれくらいいるのか？　そこは冷静に見

あなたの「書きたい」が、みんなの「読みたい」とは限らない

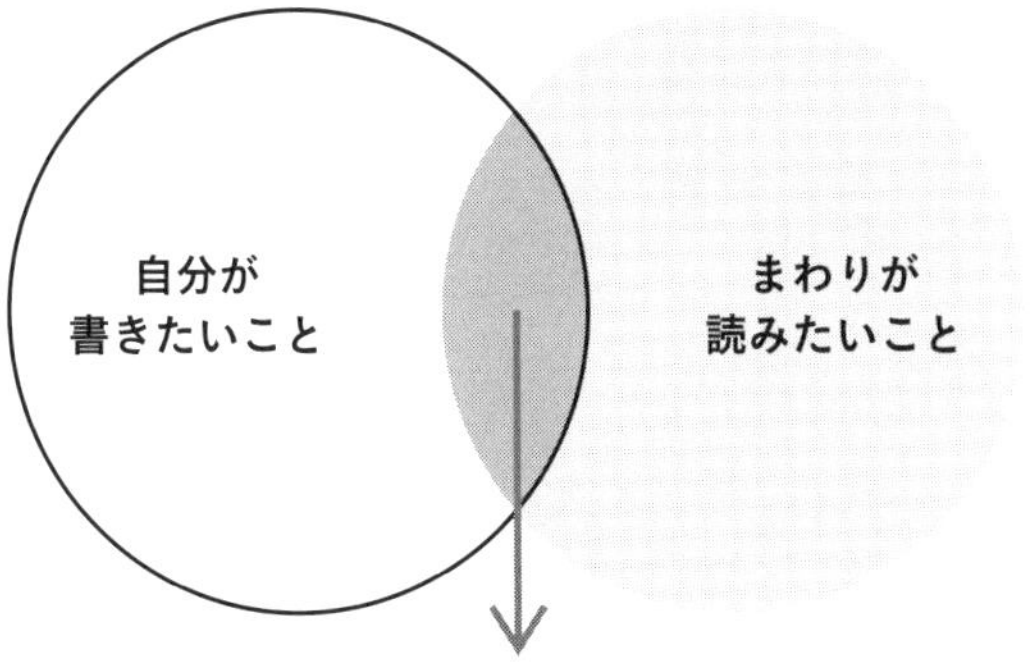

極めなければいけません。もしかしたらその著者には「お金についての話を聞きたい」という読者のほうが多いかもしれない。その重なり合う部分を見つけるのです。

人は案外「自分の強み」をわかっていません。「何を発信することが読者にとっておもしろいと思われるのか」は、なかなか自分ではわからないものです。

だからこそ客観的に、編集者がその人を把握して、ベストなテーマを提案することが大切なのです。

読者の知りたいことに応えつつ、結果的に書き手の伝えたいことを伝える。それができればベストです。

講演会で人が集まるテーマを選ぶ

ちなみに何が自分の求められているテーマかわからない人には、こんなアドバイスをします。

「あなたが講演会をするとしたらどういうテーマで話すと人が集まりそうですか？」と。

税理士の方なら、多くの人は「税の話」「お金の話」を求めるはずですし、心理カウンセラーなら「心理学」について聞きたいはずです。

リアルにどれくらいの人が来てくれそうか？　これを想像すると自分が発信すべきテーマが見えてきます。

こんなこともありました。

会計士の人が「自己啓発書を書きたい」と言って企画を持ってきたのです。ぼくは「いや、あなたは会計士なので、自己啓発書じゃなくて税やお金のことについて書いたほうがいいですよ」とアドバイスしました。すると「え？　そんなあたりまえのことでいいんですか？」と驚いていました。「自分が発信したいこと」と、「まわりが聞きたいこと」には意外と差がある。そこに多くの人は気づかないのです。

自分が発信すべきテーマを見つけるには、編集者にアドバイスを求めるのがいちばんです。ただ、普通の人は編集者にアドバイスを求めることはできません。

そういうときは、**家族や友だちなどまわりの人に聞いてみるといいでしょう。「私ってどういうことを発信すればいいと思う？」「俺に聞きたいことってない？」と。すると、思わぬテーマが見つかるかもしれません。**

あとは、ひたすらツイッターなどで発信し続けることです。そのなかで「あ、これは反応ないんだな」「こういう内容がウケるんだな」ということが見えてくるはずです。自分をいかに客観視できるか。そこがポイントです。

こういうことを言うと「読み手に迎合しろということか」と思われるかもしれません。発信したいことを発信して何が悪いんだ、と。そうではありません。

せっかく発信しても読まれなければもったいないということです。自分の言いたいことを届けるためにも、届け方に工夫をすることが大切。また、聞く耳を持ってもらうためにも、まずは「読み手の期待に応える」ことから始めるほうが得策なのです。

「自分は食べない」料理を出すシェフになるな

もうひとつ大切なのが、**「自分が読者だった場合、それを本当に読みたいか？」**をつねに考えることです。

考えてみてください。

「私は食べたくないですけど、どうぞ」と言って料理を提供するシェフはいるでしょうか？ 「いまいちおいしくないけど、とりあえずオムライスです」と言って出してくるシェフはいるでしょうか？

もしそんなレストランがあったら、行きたいとは思わないでしょう。

でも文章の世界では、こういうことがけっこう起きがちです。

「○○について1万文字書いてください」という編集者のオーダーに対して「とりあえず文字を埋めてきたんで提出します。おもしろくはないけど……」というプロのライターがいたりします。「自分では二度と読まないけど、せっかく書いたから読んでください」というような文章を誰が読みたいでしょうか？

料理だって「おいしいから食べてみなよ」というのが普通です。自分でも「いい」と思うから、他人に勧めるわけです。それなのに、なぜか「書く」ことになると「とりあえず書いたから読んでください」みたいな人が多いのです。

文章でもお客さんの立場に立つことが大切です。

つまり「客観視」することです。

客観視は、お「客」さんが「観」る「視」点に立つと書きます。書くときも主観だけではなく、お客さんの目線で見てみることです。

「はたしてこれは自分がお客さん（読者）でも読むだろうか？」

「ぼくがお客さん（読者）だったらこれをおもしろいと思うだろうか？」

そういう気持ちを忘れてはいけません。

「建前」で読んでくれる人はいない

なぜここまで、厳しいことを言うのか？

それは「建前」で文章を読んでくれるようなやさしい人はいないからです。

知り合いや家族は読んでくれるかもしれませんが、赤の他人があなたの文章を「この人、せっかくがんばって書いてるから読んであげよう」などと言ってくれることはないでしょう。何度も言うように、みんなそんなに暇ではないのです。

しかも「文章でお金をもらおう」「文章を仕事にしよう」と思うのならば、なおさらです。１３００円ほどもする書籍を「建前」で買ってくれるような人はいないのです。

あなたは自分の文章にいくら払えますか？

ほぼすべての購入は「本音」で行われます。「本当に役立ちそうだ」「本当におもしろそうだ」と思ってもらえるから買ってもらえるのです。

読者は「本音」でコンテンツを選びます。であれば、提供側も「本音」でコンテンツをつくらなければいけません。

「こういうの書いておけばウケるだろう」「いま旬のテーマだから誰かは読んでくれるだろう」といった中途半端な気持ちで書かれた文章は、誰も反応してくれません。

あなたが本気で読みたい、おもしろいと思うものを書くことを意識してみましょう。

ターゲットどうするか問題

「文章を書くときにターゲットを決めたほうがいいんですか?」とよく聞かれます。

「どの層に向けて書かれたものかをはっきりさせろ」と言う編集者もいます。

ただ、ぼくがつねにターゲットにしてきたのは「自分」です。

「自分が読みたいもの」を書き、「自分が買いたい本」をつくるのです。

「え? でも、自分だけが読みたい文章なんて、1人にしか読まれないじゃないか!」と思われるかもしれません。

しかし、そんなことはありません。ぼくの後ろには、ぼくと同じような思いをしている人が何千人、うまくいけば何万人といるからです。

「分人主義」という考え方があります。

作家の平野啓一郎さんが提唱している考え方で、簡単に言えば「人はいろんな人格の集合体である」というものです。

「individual」というのは「個人」と訳されます。「インディビジュアル」というのは「これ以上分けられない」という意味らしいのですが、平野さんはそこに異を唱えます。

個人の中にもさまざまな人格がある。一人の人間の中にもあらゆる側面、顔がある。よって「個人」ではなく「分人」なのだ、と平野さんは考えているのです。

たとえば、「家族と話しているときの自分」と「上司と話しているときの自分」ではどちらが本当の自分なのか？　「友だちと話しているときの自分」と「たった一人でいるときの自分」ではどちらが本当の自分なのか？　そんなことを考えたことがある人も多いでしょう。

しかし平野さんによれば、「本当の自分」というものが中心にあって、偽りの自分がそのまわりにいくつもあるわけではなくて「どの顔も自分」なのです。

「ぼく」という一人の人間の中には、いろんな人格、いろんな自分が存在します。「子犬を見てかわいいなと思う自分」もいるし、「誰かに嫉妬してイライラする自分」もいる。「勉強しなきゃ」というマジメな自分もいるし「ビール飲んでダラダラ過ごしたい」という堕落《だらく》した自分もいます。

ちなみに、たいていの出版社の本の企画書には「読者対象（ターゲット）」を明記する欄があります。

「20代の働く女性」「40代の男性リーダー」などと書くのですが、ぼくはいつもその欄を埋めるときに悩んでいました。「○歳の男」「職業が○○の女」などとターゲットを決めて本をつくるのは変だと思っていたからです。

分人主義的に考えれば、60代男性の中にもかわいらしさがあったりするし、20代の女性の中にも達観した考え方があったりします。さらには多様化も進んでいます。年齢や性別、職業などで人を分けることは、もう時代にそぐわないのではないかと考えたからです。

たった一人のあなたが読みたい文章を書いたとしても、あなたの中にある「この本をおもしろいと思う要素」はその他の多くの人の心の中にもあるはずです。「子犬がかわいい」と思う気持ちは多くの人の中にもあるし、「誰かに嫉妬する思い」も多くの人の中にある。だからぼくは、**自分が読みたい文章を書くことで、多くの人に届けようと思っているの**です。

たった一人に届ける「虫めがね理論」

とはいえ、場合によっては「自分」ではなく「他人」をターゲットにせざるをえないこともあります。そこで意識するのは**「たった一人に届ける」**ということです。

なんとなく「40代男性」「20代女性」に届けようとしてもぼんやりしてしまいます。そうではなく「自分の父親が読みたいと思うもの」「姪《めい》っ子の○○ちゃんが読みたいと思うもの」というように「たった一人」に絞るわけです。**「誰かが読むだろう」という気持ちで書かれた文章は「誰にも読まれない」危険性が高い**からです。

小学生のとき、虫めがねで白い紙に太陽光を集めて火を起こす実験をしたことがあるでしょう。そのとき、広い範囲をぼやっと照らしても火は起きなかったはずです。小さく一点に集中させることで煙が出てきて、火がつき、燃え広がっていくのです。

ターゲットもそんなイメージです。

ある「一人」に突き刺すから、そこで火がつき、まわりに広がっていく。いきなり広い範囲に照射してもほんのり温まるだけです。多くの人に届けたいのであれば、むしろ「たった一人」に届けようとしたほうがいいのです。

ターゲットがぼんやりしていると読者に届かない

ぼんやり照らしても燃えない

一点集中させるから火がつく

「無邪気な書き手」と「イジワルな編集者」

読まれる文章を書くためには**自分の中に「書き手」と「編集者」をつくりだすことです。**

書き手と編集者の役割を自分一人でやるのです。

具体的にどうすればいいのか？　そのプロセスを見ていきましょう。

まずは、ひたすら「主観的に」書いていきます。

難しいことは考えないで、頭に浮かんだことをどんどん書いていく。文法の間違いとか言葉の間違いは気にしません。思うがままに、気持ちのままに、論理もひとまずどうでもいい。とにかく書いていくわけです。

「これは浅はかなんじゃないか？」「この考えはおもしろくないんじゃないか？」。そういうことも考えてはいけません。細かいことは考えずに、無邪気にどんどん書き進めるわけです。

さて、そこからです。

少し時間を置いたら「編集者」になります。

目の前にはおそらく「ひとりよがりな文章の塊」が鎮座しているはずです。その塊を客観的に見て「てにをは」をはじめ、「ここは文章が間違っている」「論理がおかしい」「ここは言いすぎかもしれない」など、客観的に見ながら整理していくのです。

文章のアドバイスは誰でもできる

急に「編集者になれ」と言われても難しいと思うかもしれません。でも、なれます。人は「他人の文章のどこがおかしいのか」を指摘することは得意だからです。

本来、人は客観的にものごとを見ることは得意な生きものです。

たとえば、世の中のニュースを「客観的に」見てコメントすることはできるでしょう。ヤフーニュースのコメント欄は誰でも書けます。映画を観ても「おもしろくない」「いまいち」という感想を述べることは簡単です。批評のうまい人は「キャスティングがよくない」「オープニングが唐突すぎる」などの指摘をすることもできます。

それと同じように、他人の文章を見て「どこがおかしいのか」「何がおもしろくないのか」を指摘することは、ほとんどの人ができるはずです。


主観的に文章を書いてるときは気づかないことでも、編集者の目で客観的に見てみると「もう少し具体的なエピソードを入れたらいいんじゃないか」とか「ここの論理がつながらないから、こういう文章を付け加えたほうがいいんじゃないか」などのアドバイスをすることはできます。**「ここがいい」「ここが悪い」というのは意外に誰でもできる。これを「時間を置いて」一人でやってみるのです。**

たいていの人は出版社に入ると編集者になれます。でも、小説家教室に通っても小説家になれる人はごくわずかです。

書くときは自分をほめながら。読むときは自分をけなしながら

そのとき、なるべくイジワルな編集者になることです。

「これ、つまんねえんじゃねか？」と思いながら推敲《すいこう》すると、どんどんおもしろくなっていきます。「5行目くらいで飽きてくるな……。じゃあ、飽きないように見出しを入れよう」とか「この例がいまいちだから別のに替えよう」といったぐあいです。

ポイントは、書く段階ではイジワルにならないことです。

「イジワルな書き手」だと、本当に何も書けなくなってしまいます。書く段階では無邪気に「最高じゃん！」「俺、おもしろい！」と自分をほめながら書く。そして、それを読むときは「こいつぜんぜんダメだな」と自分をけなしながら「赤」を入れていくのです。

いい文章は「主観と客観の往復」でできあがっていくもの。それを一人でどこまでできるかが文章を磨いていくコツなのです。

「自分ごと」になるようなテーマを選ぶ

読まれる文章を書くためには、そもそも「何を書くか」というテーマの見つけ方もより重要になってきます。CHAPTER1で「書くことがない」を克服したつもりですが、つねに「話題になるようなネタ」を提供し続けるのは難しいことです。

どうすれば、話題になるようなネタが生み出せるのでしょうか?

キーワードは**「自分ごと」**です。

マーケティングの世界では、消費者にとっての「自分ごと」にすることが大切だと言われますが、文章も同じです。読み手が「自分ごと」にできるような分野には、かならず需要があります。そうした分野を選べば、話題になるようなネタを生み出しやすくなるはずです。

「自分ごと」にしてもらいやすいエネルギーのあるテーマはこの5つです。何を書くか迷ったら、このテーマの中から考えてみるといいかもしれません。

①お金（仕事、働き方を含む）②食欲 ③恋愛・結婚・家族 ④健康 ⑤教育

まず、①お金や仕事、働き方関係は、当然エネルギーがあります。多くの人が日々「どうやったらもっと稼げるか」「どうやったら幸せに働くことができるか」を考えているからです。

②の食欲は人間の根源です。グルメや料理に関するコンテンツは絶対に廃《すた》れません。

③の恋愛・結婚・家族も人生には欠かせないものです。時代的にも、今後より重要になっていくでしょう。

④健康も人間の生存本能がなくならない限り、話題になります。

⑤教育、子育てというテーマにも大きなエネルギーがあります。「自分のことよりも子どものほうが大切」という親は多いものです。教育のためにはお金を惜しまないという人もたくさんいます。

しかも子育てには、唯一絶対の答えがありません。そのうえ、みんな初心者です。間違えることもできない。だから、子育てや教育系は、いつの時代もやっぱり強いコンテンツになります。

もうひとつ付け加えるなら「教養」でしょう。多くの人が「そんなことも知らないの？」とは言われたくない。恥をかきたくないのです。この**「恥をかきたくない需要」**も大きなエネルギーでしょう。

自分の得意分野・専門分野とかけ合わせる

これら「テッパン」のテーマを選ぶとハズしにくくはなるのですが、一方で競合も多くなります。たとえばお金についての記事などはネット上に腐るほどあります。

そこで大切なのが、これらのテーマと自分の得意分野、専門分野をかけ合わせることです。

昆虫に詳しい人が普通に昆虫のことを書いてもなかなか読まれなかったとします。そういうとき、③の恋愛・結婚のテーマとかけ合わせてみましょう。

すると「昆虫は不倫をするのか？」という記事が生まれます。これなら読まれるかもしれません。

フランス在住の人が普通にフランスの生活を書いても読まれないかもしれませんが、「フランスの子育て法を知って驚いた！」といった記事なら読まれるかもしれません。

「自分の得意分野×エネルギーのある5テーマ」を意識してみましょう。

「自分にしか書けないこと」を「誰にでもわかるように」

「作文の秘訣とは何か？」という問いに作家の井上ひさしさんが、すでにめちゃくちゃシンプルで本質的な答えを出されています。

作文の秘訣《ひけつ》を一言でいえば、**自分にしか書けないことを、だれにでもわかる文章で書くということだけなんですね。**〈中略〉

書いたものが面白いというのは、その人にしか起こっていない、その人しか考えないこと、その人しか思いつかないことが、とても読みやすい文章で書いてある。だから、それがみんなの心を動かすわけです。

（『井上ひさしと１４１人の仲間たちの作文教室』より）

世の中の学者のなかには「だれにでも書けることを、だれにもわからない文章で書いている人」もいる、と井上さんは言います。

たしかに大学の先生が書いた本のなかには、「AはBである」というシンプルなことを、ものすごく回りくどく書いてあるものもあります。それが「学問」ということなのかもしれませんが、多くの人に読まれるような文章にはなかなかなりにくいでしょう。

井上さんは「いい文章とは何か」をさんざん考えた挙げ句、この「自分にしか書けないことを、だれにでもわかる文章で書く」にたどり着いたのだそうです。

「なぜ、この文章は読まれないんだろう……」と悩んだときは、この**「自分にしか書けないことをだれにでもわかるように」**を思い出してみるといいかもしれません。

読者にその文章を読む「動機」はあるか

読まれない文章には「あるもの」がありません。

それは**「読む動機」**です。

読まれない文章には読む動機がない。ものすごくあたりまえのことなのですが、案外見落としがちです。


人が動くためには、まず動機が必要です。

「お金が必要だから仕事をする」「おもしろいと評判だから映画を観る」といったように、行動の裏側にはかならず動機があるはずです。

よって、読んでほしいのであれば「なぜ、それを読むのか？」という動機をつくってあげなければいけないのです。

動機をつくるためにいちばん有効なのは「それを読むとどんないいことがあるのか？」

を示すこと。つまり**「メリットを示す」**ことです。

薬のパッケージには「成分」と「効能」が書いてある

ここで参考になるのが、薬のパッケージです。

もし手元になにか薬やエナジードリンクなどがあれば、どんなことが書いてあるか見てみてください。おそらく「成分」と「効能」が書いてあるはずです。

「タウリン１０００ミリグラム！　滋養強壮、体力回復」とか「イブプロフェン配合あらゆる症状の風邪に効く！」といったぐあいです。

タウリンやイブプロフェンがなんなのかはよくわかりませんが、なんだかスゴそうな感じはします。そして、効能です。効能が書いてなければ薬はきっと売れないでしょう。

ただ「タウリン入ってます！」と書かれていても「？？」です。**成分と効能がはっきり示されているから、人は飛びつくのです。**

ぼくがビジネス書をつくるときも、この「成分と効能」を意識していました。タイトルや表紙になるべく「成分と効能」を入れるようにしていたのです。

思わず手が伸びるパッケージの特徴

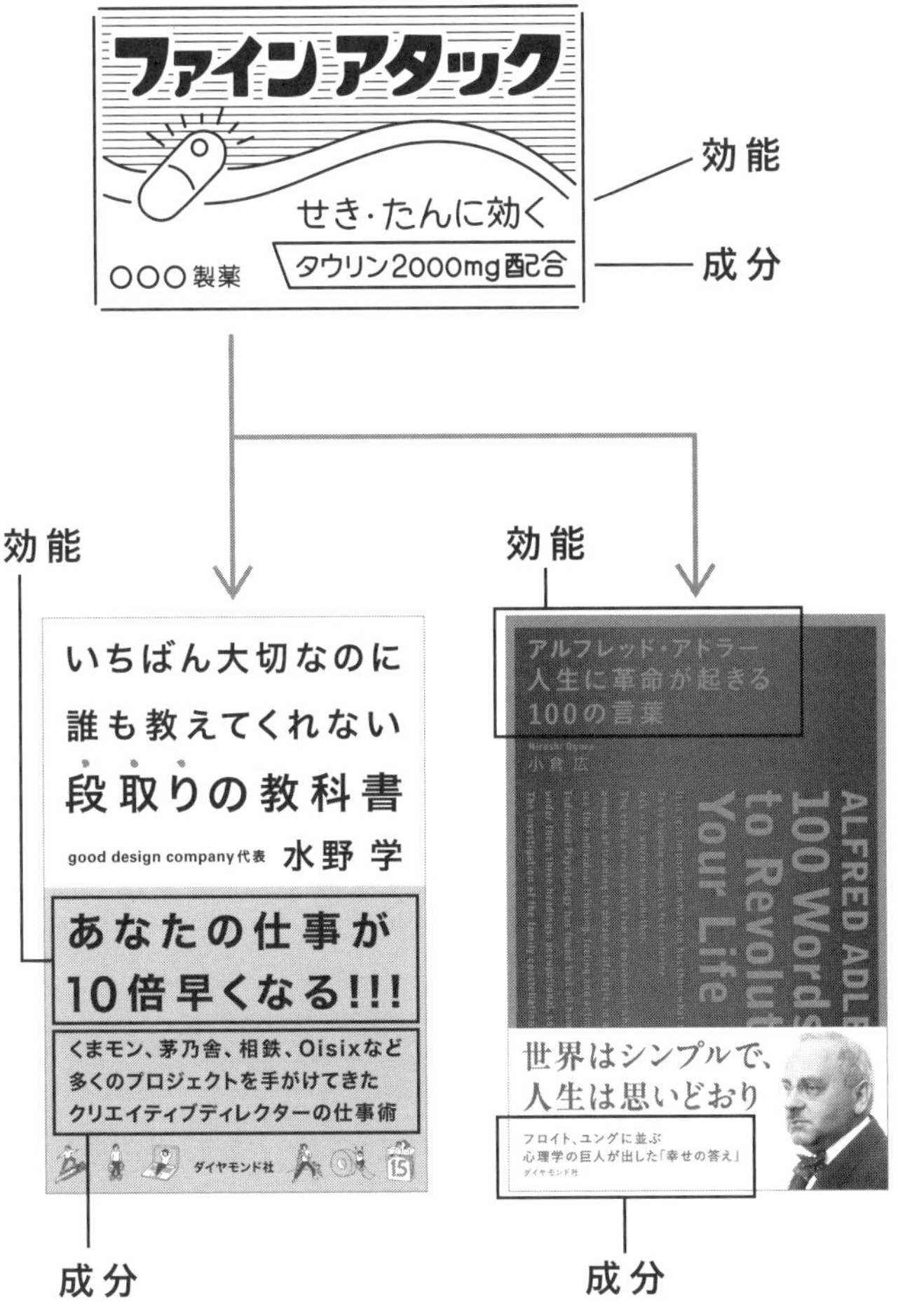

書店に行って、売れている本を見ると『人生が変わる○○』『夢をかなえる○○』というタイトルが多いことに気づくでしょう。この場合、成分が「○○」の部分、効能が「人生が変わる」「夢をかなえる」になります。「この本を読むとどんないいことが起きるのか？」が示してあるわけです。

「なんだか稚拙《ちせつ》だな」「浅いノウハウだな」と思われるかもしれません。ただ、**メリットが示されているものに人は反応するというのは事実です。**

自分が書いた文章に、読者のためになるような内容は入っているでしょうか？

それを読むと、読者にとってどんないいことが起きるでしょうか？

そこを意識しているかいないかで読者の数は変わってくるはずです。

人が集まる「文脈」にコンテンツを置く

この章で語っているのは、ようするに**「マーケティングをしましょう」**ということです。これからの書き手はインターネットが主戦場になります。そのときに自分の文章という商品を売るためのマーケティングが不可欠になってくるのです。

これまでの書き手は本や雑誌に寄稿すれば、あとは編集者がマーケティングしてくれていました。たとえば『週刊文春』という雑誌に記事を提供しさえすれば、あとはちゃんと読者に届けてくれていたのです。

ところがインターネットになると、誰もマーケティングをしてくれません。すでに人気のあるウェブメディアに寄稿する場合は別ですが、ツイッターにしろnoteにしろ自分で書いて広める場合には、マーケティング感覚が重要になってくるのです。

インターネットを使えば誰でも発信できます。そのかわり誰もお膳立てはしてくれません。ネット時代の書き手になるためには、この「マーケティング感覚があるかどうか」の違いが大きいのです。

キーワードは**「文脈」**です。

ネット時代は「どこにどういう文脈があるか」を把握し、人が多くいる文脈にどう文章を乗っけるかが重要です。この文脈を理解できている人はうまくいきますし、そこがわからない人は、いくら発信しても「なんで届かないんだろう？」と苦労することになります。

たとえばぼくの場合は、「ＳＮＳ時代の編集者」という文脈に乗っています。ネットが登場してコンテンツは爆発的に増えたけれど、それに伴ってきちんと編集が追いついているわけではない。「ＳＮＳ時代の編集者」「ＳＮＳ時代にどう文章を編むべきか」という文脈には人がいるだろうし、そこで存在感を出すことができるだろうと考えたのです。

文脈とは「街の通り」のようなものです。狭い路地もあれば、多くの人が行き交う大通りもある。どの通りに店を出せば繁盛するのか？　どういう文脈に文章を置けば多くの人に読んでもらえるのか？　そこを意識することが大切なのです。

いい文章は、読者への「ラブレター」

ここは難しいところなのですが、マーケティングのことを考えすぎてマーケティングに溺《おぼ》れてしまっては、真に魅力的な文章は生まれません。

考えるべきは**「世界に対して発信すべきことはなんだろう？」「何を伝えるとみんなが喜ぶだろう？」というマインドを持つ**ことです。

ミュージシャンのなかにも食えないミュージシャンとプロのミュージシャンがいます。その違いはどこにあるのでしょうか？

うまいか下手か、でしょうか？　でも、ものすごくうまい人でも、友だちとカラオケに行って「うまいね」と言われるだけで終わる人もいます。一方、あんまりうまくない人でも紅白歌合戦やレコード大賞に出る人もいます。

その差はどこにあるのでしょうか?

ぼくは「その人が歌うことで喜ぶ人がどれくらいいるか?」にかかっているのではないかと思います。どんなにうまくても、その人の歌で喜ぶ人がいなければ仕事になりませんし、どんなに下手でも喜ぶ人がいれば仕事になるのです。

読まれる文章を書くためには、相手を喜ばせることをつねに考える。ものすごくあたりまえのことですが、これしかありません。

本書ではさまざまなテクニックも紹介しますが、そのテクニック自体が大切なわけではありません。つねに相手を見ながらどうすべきかを考えることが大切です。

『ビジネスパーソンの誘う技術』という本をつくったときに、ベリッシモ・フランチェスコさんというイタリア人の著者が**「モテない人は自分の過去を語り、モテる人は相手との未来を語る」**と言っていました。

モテない人は卒業アルバムを引っ張り出してきて「俺はこんなだったんだよ」「スポーツの大会で優勝したんだよ」と過去のことをグダグダ話します。

一方、モテる人は「旅行ガイドを出してきて、一緒にどこ行く? ハワイ、楽しそうじゃない？」と明るく楽しい未来、一緒にいる未来を提示するというのです。**自分のことだけ考える人よりも、相手のことを考えられる人がうまくいく。**そのいい例だなと思いました。

「相手を思う気持ち」がいい文章を生む

いい文章は、いいラブレターです。
ダメなラブレターは、いきなり告白から始まります。

本当に好きです！　付き合ってください！　ぼくはものすごく好きなんです！

この作戦でうまくいく場合もあるかもしれません。その熱に負けて付き合うことになった、という場合もあるでしょう。
でも多くの場合は「引かれて」終わりです。「わ、キモっ」と言われてしまう。そうなってしまうのは、相手のことがまったく考えられていないからです。

いいラブレターは、相手のことがきちんと考えられている文章です。相手の興味がありそうな話題から入る。もしくは「いきなり手紙が届いて驚いたかもしれません」などと共感を誘う。次に、自分を知ってもらい、思いを伝えるはずです。

ただ一方的に「付き合いたい」と書くのではなく、自分と付き合うことのメリットもさりげなく示します。

「ぼくと付き合うと、毎日が楽しくなります！」「困ったときに助けてあげられます」などといやらしくなく伝える。そうすれば相手も前のめりになってくれるはずです。

文章を書くときも「読み手へのラブレター」になっているかどうかを考えてみましょう。自分のことだけを語っていないか？　ちゃんと相手へのメリットはあるか？　そうやって「相手を思う気持ち」が読んでもらえる文章を生み出すのです。

では、具体的にどうすればいいのか？　さらに次の章で見ていきましょう。

CHAPTER 3 まとめ

こうすれば、文章が読まれる

01

自分が書きたいものと、読者が読みたいものが重なるテーマを選ぶ。「自分ごと」にしてもらえるテーマだとベスト！

02

自分自身あるいは「たった一人の読者」に向けて届けるように書く。

03

イジワルな編集者になって、自分が書いた文章が「本当におもしろいか」客観的に見直す。

04

「成分」と「効能」を意識したタイトルやパッケージ、読者が喜ぶようなコンテンツに仕上げる。

コラム

文章力があると依頼や交渉もうまくいく

文章のスキルを上げると、依頼や交渉もうまくいくようになります。

わかりやすい文章、伝わる文章を書くときに大切なのは、なによりも相手のことを思うことです。「相手がどう思うか？」という想像力を高めることが、ビジネスの場面でもプラスに働きます。

出版社で書籍の編集者をしていたころは、さまざまな著者に「本を書いてほしい」という依頼をしてきました。

クリエイティブディレクターの佐藤可士和《かしわ》さんにはメールで執筆依頼をしました。

ぼくは「可士和さんほど忙しい方だと、手紙をお送りしても封を開けてもらえない可能性もあるな」と考えました。また、可士和さんはロジカルに考える人だと思ったため、情緒的な手紙よりもメールで簡潔に伝えたほうがいいだろうと考えたのです。

メールを書くときに工夫したのは、文字だけでなく「こんな本がつくりたいです」と本のカバーデザインも添付でお送りしたことです。『佐藤可士和の打ち合わせ』というビジネス書を書いていただきたかったので、タイトルと帯のコピーも入ったカバーのイメージ画像を送りました。

依頼の文面は、まず冒頭に「どこの出版社の誰か」を名乗って信頼性を担保したあと、すぐに「佐藤可士和の打ち合わせという本がつくりたいです」と結論を書きました。続いて「会議についての本は数ありますが、打ち合わせの本はありません。ぜひ可士和さんの打ち合わせについて知りたいのです」と書きました。

依頼の文面では、想定される「お断りの理由」をあらかじめつぶしておくことが重要です。「どういう理由で断られるだろうか？」と想像したときに、「打ち合わせだけで1冊の本なんて書けない」という理由が思い浮かびました。

そこで「打ち合わせといってもいろいろなトピックがあります。打ち合わせ前にすべきこと、打ち合わせの時間や場所、打ち合わせのときに出す飲みものなど、トピックはいくらでもあるはずです」というように先回りして書いておきました。

文面の長さは、5行くらいだと「適当に書いてるな」と思われますし、長すぎると今度は「読みづらいな」と思われてしまいます。よって、**パソコンで見たときに「2スクロール」くらいに収める**ことにしました。

文面の最後に、「ピンと来ないようでしたらあきらめますが、少しでも可能性があるようならご相談だけでもさせていただけますと幸いです」と書きました。

この意図は、返事のハードルを下げることです。一度お会いできれば、こちらの熱意や本気度を伝えることができます。まず「会う」というステージにたどり着くため、こうした書き方をしたのです。

正直この依頼文が功を奏したかはわかりませんが、可士和さんのご厚意で本を書いていただけることになりました。

「このメディアを選んだ」ということ自体がメッセージ

最近はLINEやメッセンジャー、メール、手紙など伝えるツールはいろいろあります。よって、「メディアを選ぶ」ということ自体が「メッセージ」になります。

相手は効率性を重視する人なのか？　思いを重視する人なのか？　その違いで当然選ぶべきメディアも変わります。前者であればLINEやメッセンジャーがいいでしょうし、後者であればていねいなメール、もしくは手紙がいいでしょう。

『週刊文春』の当時の編集長・新谷学《しんたにまなぶ》さんに執筆の依頼をしたときは手紙を使いました。新谷さんを知る人に「どういう方ですか?」と事前リサーチすると、ロジックというよりも情熱を重視することがわかりました。

相手は百戦錬磨の取材をこなしてきた方なので、変に小細工をしてもバレてしまう。よってメールなどでスマートに書くよりも、「いかに本をつくりたいか」という熱のこもった手紙を書くことにしました。

ただ、当然ながら熱意だけで通そうとするのも失礼な話です。熱意だけの人は「どうしてもあなたと仕事がしたいんです!」と自分がしたいことだけを伝えます。そのとき相手のメリットはあまり考えられていません。**自分の熱意も伝えつつ、さりげなく「あなたにとっても悪い話ではないはずです」ということを伝えるべきです。**

新谷さんへの手紙にはこういう主旨のことを書きました。

「ぼくは最強の編集者になりたいと思っています。『文春砲』で時代を動かす新谷さんは最強の編集者だと思います。ぜひお話を聞きたいです。企画は『「週刊文春」編集長の仕事術』というものです。『週刊文春』がいかにきちんと裏を取って、真面目に仕事をしているかを伝えたいのです」

新谷さんからは無事ＯＫをいただき、ものすごくおもしろい本が完成しました。ＯＫをいただけた理由のひとつに、真面目な企画だったということもあります。

当時は「スクープの裏側を語ってほしい」といった企画の提案もいくつか来ていたそうです。ベッキーさんの不倫の裏側、甘利明《あまりあきら》さんの金銭授受の裏側を語ってください、というものです。

ただぼくは、そういった企画だと『週刊文春』側にあまりメリットがないうえに、そこまで売れないと考えました。そうではなく、ビジネス書の出版社から「真面目な仕事術」を出すことでブランド価値も上がり、読者の期待にも応えられると考えたのです。

自分がやりたいこと、相手のメリットになること、さらには読者の期待に応えること。この３つが重なる部分を見つけてカタチにするのが書籍の編集者の仕事なのです。

CHAPTER

4

つまらなくてしんどい

商品になる「おもしろい文章」はこうつくる

「情報」だけでは価値がない

CHAPTER4では「読まれる」のさらに上、「おもしろい」を目指します。**いまの時代、多くの人に読んでもらうためには「おもしろさ」が必要です。**昔はインターネットなどなかったため、そもそもの情報量は多くありませんでした。だから「みんなが文章を読んでくれる」ということを前提に書けばよかったのです。情報への需要があったので、情報さえ提供していれば読んでもらえました。

しかしネット時代の書き手は、飽きられないように、離脱されないように工夫をこらしておもしろくしないと読んではもらえないのです。

地方の観光地に行くと、史跡の案内板をよく見かけます。「龍馬の出生地」とか「伊達政宗が最後に戦をした場所」みたいなやつです。ぼくは、ああいう案内板を最後まで読んだことがありません。ほとんどが「情報」の羅列で、読んでいてワクワクしないからです。

明治神宮外苑にもこんなイチョウ並木の説明が書いてある看板があります。

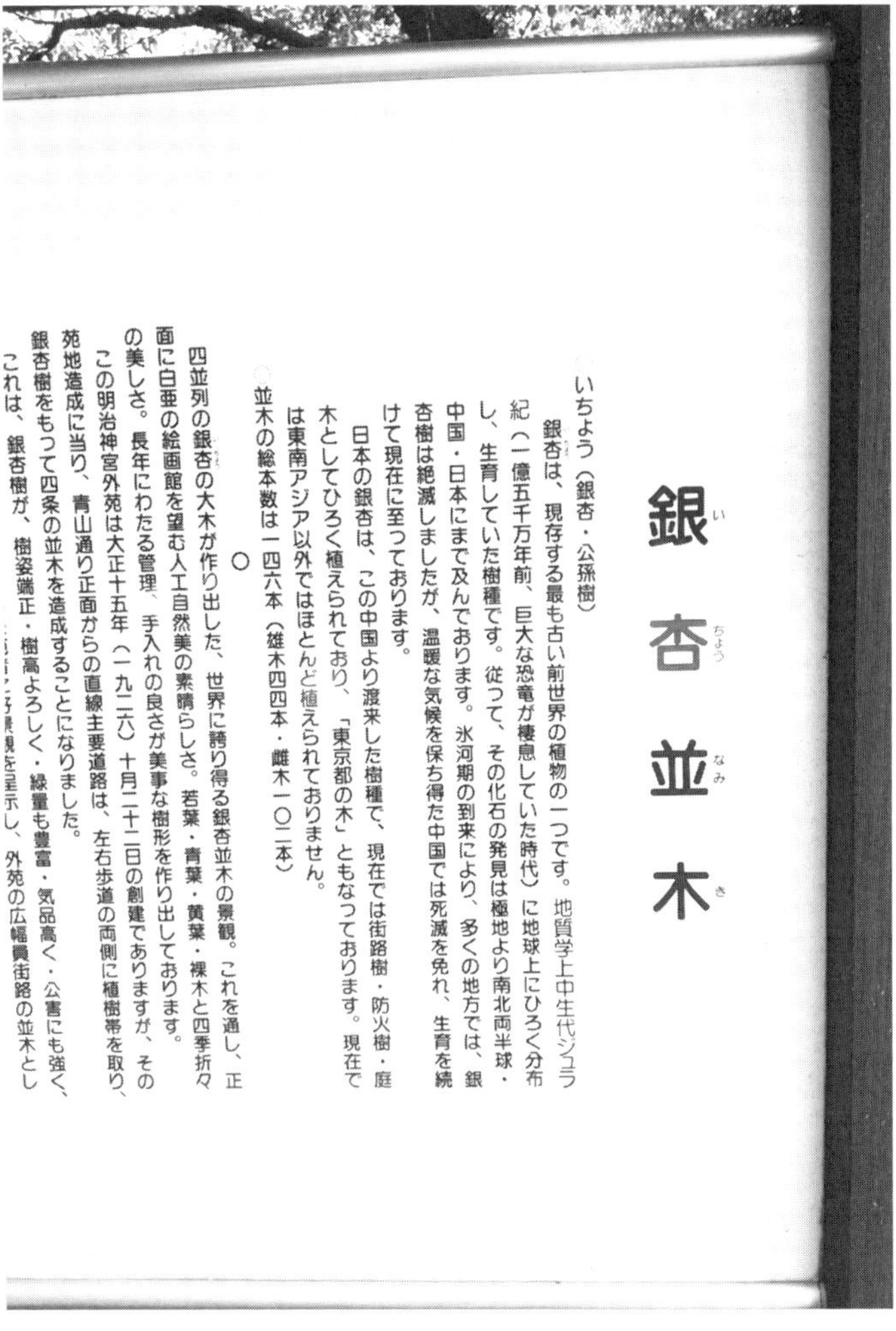
銀《い》杏《ちょう》並《なみ》木《き》
いちょう（銀杏・公孫樹）
銀杏は、現存する最も古い前世界の植物の一つです。地質学上中生代ジュラ紀（一億五千万年前、巨大な恐竜が棲息していた時代）に地球上にひろく分布し、生育していた樹種です。従って、その化石の発見は極地より南北両半球・中国・日本にまで及んでおります。氷河期の到来により、多くの地方では、銀杏樹は絶滅しましたが、温暖な気候を保ち得た中国では死滅を免れ、生育を続けて現在に至っております。
日本の銀杏は、この中国より渡来した樹種で、現在では街路樹・防火樹・庭木としてひろく植えられており、「東京都の木」ともなっております。現在では東南アジア以外ではほとんど植えられておりません。
並木の総本数は一四六本（雄木四四本・雌木一〇二本）
○
四並列の銀杏の大木が作り出した、世界に誇り得る銀杏並木の景観。これを通し、正面に白亜の絵画館を望む人工自然美の素晴らしさ。若葉・青葉・黄葉・裸木と四季折々の美しさ。長年にわたる管理、手入れの良さが美事な樹形を作り出しております。
この明治神宮外苑は大正十五年（一九二六）十月二十二日の創建でありますが、その苑地造成に当り、青山通り正面からの直線主要道路は、左右歩道の両側に植樹帯を取り、銀杏樹をもって四条の並木を造成することになりました。
これは、銀杏樹が、樹姿端正・樹高よろしく・緑量も豊富・気品高く・公害にも強く、
景観を呈示し、外苑の広幅員街路の並木とし

○いちょう（銀杏・公孫樹）

銀杏は、現存する最も古い前世界の植物の一つです。地質学上中生代ジュラ紀（一億五千万年前、巨大な恐竜が棲息していた時代）に地球上にひろく分布し、生育していた樹種です。従って、その化石の発見は極地より南北両半球・中国・日本にまで及んでおります。氷河期の到来により、多くの地方では、銀杏樹は絶滅しましたが、温暖な気候を保ち得た中国では死滅を免れ、生育を続けて現在に至っております。

日本の銀杏は、この中国より渡来した樹種で、現在では街路樹・防火樹・庭木としてひろく植えられており、「東京都の木」ともなっております。現在では東南アジア以外ではほとんど植えられておりません。

○並木の総本数は一四六本（雄木四四本・雌木一〇二本）

ちゃんと読むと、けっこうおもしろいことが書いてあります。ただ、メリハリがなく、ただ「情報の羅列」に見えてしまうので退屈なのです。

これをどうすれば離脱されない文章にできるでしょうか？

文章に動きを入れる

まずは文章にメリハリをつけましょう。単調な文面に「動き」をつけるのです。

ぼくがｎｏｔｅで文章を書くときは、スマホのワンスクロール内にひとつは「見出し」や「太字」を入れるようにしています。

前述した「デザイン」の話とカブりますが、パッと見て一瞬で文字が入ってくることが大切です。**コンマ何秒で「読みやすそう」と思われることが大切**なのです。

キャッチーな見出しをつけ、ひらがなを増やし、熟語を減らし、改行と太字でメリハリをつけ、動きを入れてみる。すると、こうなります。

恐竜の時代からあった「イチョウの木」

イチョウは、**いまあるなかでもっとも古い植物のひとつ**です。

1億5千万年前、巨大な恐竜が生きていた時代に、広く生えていました。イチョウの化石は北極、南極から中国、日本でも発見されています。

氷河期が来て、多くの地域でイチョウは絶滅しました。しかし、暖かい気候を保つことのできた中国では生き延びることができました。

日本のイチョウは、**中国から来た種**です。現在では、街路樹や防火樹、庭木としてひろく植えられています。「東京都の木」でもあります。いまは東南アジア以外では、ほとんど植えられていません。並木の総本数は146本（雄木44本・雌木102本）。

どうでしょうか。これであれば、少し立ち止まって読もうという気になります。**見出し、改行、太字、かんたんな表現。**たったこれだけのことで読む人が何倍にも増えるとしたらこんなにお得なことはありません。

情報に感情を

「おもしろい」とはどういうことでしょうか？

ぼくなりに定義するのであれば**「感情が動く」**ということです。

笑える、泣ける、怖い、勇気が出る……。おもしろいものを目指すのであれば、とにかく読み手の感情を動かさなければいけません。

イチョウの看板も情報の羅列のように見えますが、読んでみると**「グッと来る」ポイント**がいくつかあります。そこを強調してあげるだけでおもしろくなるはずです。

・イチョウは恐竜の時代からあった
・イチョウはいまあるなかでもっとも古い植物のひとつ
・氷河期が来て多くの地域でイチョウは絶滅したが、中国では生き延びた

このあたりは「へえ」と思えるポイントです。このグッと来るポイント、「へえ」と思えるポイントがビシッと伝わるように設計することが大切なのです。

おもしろい文章は「共感8割、発見2割」

「おもしろい文章は、内容がおもしろい」という残酷な事実があります。

もちろん内容ではなく、表現や言い回し、空気感などでおもしろさをつくりだせる人もいます。しかしそれができるのは、作家など一部のプロフェッショナルだけです。プロの書き手ではないぼくらが「おもしろい」と思われるような文章を書くためには「内容で勝負する」必要がある。だからこそCHAPTER1では「まず取材をしましょう」「ネタがなければいい寿司は握れませんよ」ということを訴えてきたのです。

ただ、毎回毎回「おもしろい」と思われるようなネタなんて、そうそう見つかるものではありません。では、どうすればいいのか?

「おもしろいな」と思う文章には、たしかに何かしら新しい情報が入っています。

ただ「なるほど！」「へえ！」がずっと続くような文章は疲れてしまうのです。

たとえば、こんな文章があるとします。

Bad!

パプアニューギニアは南太平洋にあるニューギニア島の東半分および周辺の島々からなる立憲君主制国家です。東南アジア諸国連合（ASEAN）の特別オブザーバーですが、地理的にはオセアニアに属します。オーストラリアの北、ソロモン諸島の西、インドネシアの東、ミクロネシア連邦の南に位置します。

これは「パプアニューギニア」を説明したウィキペディアの文章に少し手を入れたものです。地理に詳しくない人にとっては「新しい情報」だらけ。でもこの文章を「ほうほう、おもしろい」とはなかなか思えません。バンバン固有名詞が出てきてついていけないのです。

では、こんな文章はどうでしょうか？

「パプアニューギニア」って聞いたことありますよね？

どこにあるかわかりますか？

地図で言えば、オーストラリアの上にあります。

30代後半以上の人であれば「南国少年パプワくん」を思い出す人もいるかもしれません。「南国の、ほのぼのとした国」というイメージを持つ人も多いでしょう。

でも実はこの国、第二次世界大戦前までは「パプア」と「ニューギニア」という2つの地域に分かれていました。戦時中は日本軍と連合国軍がこの土地で争い、約21万人もの兵士が戦死。大戦後に2つの領土が統合されて「パプアニューギニア」と呼ばれるようになったのです。

こちらのほうが、おもしろいのではないでしょうか。

何が言いたいのかというと、**おもしろいと思う文章の8割くらいは、決して新しい情報ではない**ということです。

「パプアニューギニア」って聞いたことありますよね？

どこにあるかわかりますか？

地図で言えば、オーストラリアの上にあります。


30代後半以上の人であれば『南国少年パプワくん』を思い出す人もいるかもしれません。「南国の、ほのぼのとした国」というイメージを持つ人も多いでしょう。


などの部分は、別に新しい情報でもなんでもありません。ハッキリ言っておもしろくない。ここが長すぎると逆に飽きられてしまいます。

ただ、この部分には**「書き手と読み手のあいだの溝」**を埋める効果があります。

よって、その後の

・第二次世界大戦前までは「パプア」と「ニューギニア」という2つの地域に分かれていた。
・日本軍と連合国軍がこの地で争い、約21万人もの兵士が戦死した。

といった「新しい発見」が際立ち、伝わりやすくなるわけです。

このように「パプアニューギニアってどこだっけ?」「あーパプワくん、懐かしい」などといった「共感」で引っぱりつつ、**残り1～2割くらいで「そうなんだ!」「なるほどね!」と思わせる。**こうすることで「新しい考え方・できごと・情報」がそこまで多くなくても「おもしろい文章」を無理せず書くことができます。

「おもしろい文章を書く」といっても、内容を「100%おもしろいことだらけ」にしなくてもいい。「共感8割、発見2割」を目指すくらいでちょうどいいのです。

「共感」を入り口にする

「共感」はものすごく大切な要素です。

お笑いの世界でも「あるあるネタ」をやるとだいたいウケます。いつの時代も「あるあ
る」は強い。人は「共感」を求める生きものなのでしょう。

飲み会の帰りに微妙な知り合いと一緒に帰るのがつらいから「ぼく、コンビ
ニ寄って帰りますね」って言ったら「あ、じゃあ私も」ってついてきちゃって、
うわああってなる。

これは「人見知りあるある」です。

「あるある」がうまくハマると「あ、この人、自分と同じ感覚だ」と読み手に思ってもらえます。「この人、すごい私のことわかってる」と。すると信用してもらえるのです。

おもしろい文章を書きたいのであれば、日頃から「あるあるネタ」をストックしておくといいかもしれません。「こういう会話、よく聞くよな」「こんな人、けっこう多いよな」と思ったら、ささいなことでもいいのでメモしておきましょう。

ぼくが本を編集するときも、この「共感と発見」のバランスを意識しています。本の

場合は「共感：発見」が「6：4」だったり「5：5」だったりしますが、とにかく「発見だらけ」の本は疲れるし「共感だらけ」の本は飽きられます。そのバランスを考えてつくるわけです。

似たようなことで、**「読者の期待どおりの部分」と「期待を超えた部分」をバランスよく配合する**ことも意識しています。

みんな「ホリエモンにはこれを言ってほしい」「オリラジの中田敦彦さんにはこれを言ってほしい」という「期待」を暗に持っています。堀江さんには「電話には出るな」「会議は無駄だ」「ネクタイなんてやめろ」と読者は言ってほしい。

その期待に素直に応えてあげる。これも「おもしろさ」につながります。水戸黄門で印籠《いんろう》がいいタイミングで出てくるように、予定調和にも価値があるのです。

ビジネス書を読んでいると「あいさつをしたほうがいい」という項目が出てきます。そんなことは昔から言われつくされているわけです。著者のなかには「いまさらこんなこと言っても、コンテンツなんかにならないいんじゃない？」と言う人もいます。でも、それをあえて言うことは、読者の期待に応えることになります。

「その人が言う」ことが求められているなら、それは立派なコンテンツなのです。

ビジネス書の8割くらいはすでに言われていることです。そこに新鮮さや奇抜さはないのかもしれません。ただ、それを読むことで安心感を抱く人も多くいるわけです。自己啓発書を読む人は「夢は叶うよ！」と言ってほしいから読みます。予定調和を求めている。新しいことしか書いていないような本に人は反応しづらいのです。

「共感8割、発見2割」の法則は人間にも当てはまりそうです。

まったく共通点のない、共感もできない奇人変人には、怖くて近寄れません。「見てるぶんにはおもしろいけど、仲よくなりたいとは思わないな」という人が大半だと思います。でも、8割くらい自分と一緒で、2割くらい自分と違う部分があったり、変だなと思うことがあれば「おもしろいな」「この人と仲よくなりたい」と思うはずです。

逆に自分とまったく同じような人は、仲よくはなるかもしれないですが「おもしろいな」とは思わないでしょう。

文章も完全に新しい情報だらけだと「超奇抜な人」になってしまいます。意外と人気にならない。8割くらい自分と同じことを言って「わかるわかる」「あいさつ大切ですよね」「夢、叶いますよね」と共感させておいて、残り2割で「人脈はクソだ」など斬新なことを言うと「これは新しい！」と思ってもらえるのです。

「完全に新しいもの」など書かなくてもいいのです。結論は一緒でもいい。エピソードが違えば新しいものになりますし、「誰が書くか」ということでメッセージは変わってくるのです。

読み手の「ツッコミ」を先回りする

おもしろい文章、心が動く文章は「共感」の力をうまく使っています。
読み手が書き手に共感すると、文章の世界にスッと入ってもらえます。
たとえばこの本も

書くのって、しんどくないですか？
書きたい気持ちはあるんだけど、書くことがない！

書き始めても、途中で混乱してしまう！

といった文章から始まります。これも共感の力を利用しています。この文章があることで「得意じゃなくても書けるようになるのかな？」「こいつ、わかってんじゃん！」という気持ちになってもらいやすいのです。

とにかく相手の立場に立ってみる。読んでいる人になりきる。これが大切です。

飽きずに読み進められる文章も「共感」の力をうまく使っています。

長々と概念的な話が続いたら……

「もう、わかったよ。早くやり方を教えてくれよ」と思われているかもしれませんね。しかし、もう少しだけ説明させてください。

説明が長々と続いているときは……

説明が長いと思われているだろう。しかし実は、ここが大切なポイントなのでしつこいかもしれないが繰り返させてほしい。

など。つねに「こう思ってますよね？　でもこちらはこういう意図なんですよ」と絶妙なタイミングで、**できれば少し「先回り」して伝えると読み手は安心して読み進めることができます。**

ぼくは途中で文章が読まれなくなることをすごく怖がっています。「ここで離脱されちゃうかも、飽きられちゃうかも」とつねに考えています。

テレビ番組を見ていると、視聴者が飽きそうになるところで話題が変わったり、「ここでまさかの展開が！」というテロップが出たりします。テレビの制作側は、チャンネルを変えられないように工夫をこらしています。普通の人がそこまでやる必要はないですが、それくらいの気持ちで文章を編んでいくと魅力はグッとアップするでしょう。

読み手の気持ちに添う。共感してもらえるように書く。読み手が疑問に思いそうなところは、先回りして言及するか、早めに回収しておく。すると、最後まで読まれる「おもしろい」文章になるはずです。

その文章に「サビ」はあるか？

曲で印象的な部分を「サビ」といいます。

それと同じように**おもしろい文章、印象的な文章にも「サビ」があります。**

サビとは「これが言いたいんだ！」というメッセージであり、「グッと来る」ポイントです。10万文字の本でも、１４０文字のツイートでも、この「グッと来る」部分があるかないかが、その文章のおもしろさを決めるのです。

たとえば、こんな文章があったとします。

今日は台風が近づいているからか、低気圧だからか、体も重く、頭もまわらず、仕事もやる気が出なかった。ぼくは台風を言い訳にしながら、やるべきことを先送りしてしまった。どうもこのダラダラした性格は、いつまでたっても治らない。

こういった文章も日記ならいいでしょう。

しかし、ここには「サビ」がありません。「何が言いたいのか」が特に伝わってこないのです。

まわりの人に「この文章、どこが印象に残った？」と聞いても「台風が近づいてるってところかな？」「ダラダラした性格の部分かな？」などと感想はバラバラになるでしょう。サビのない文章は、ずっとAメロが続く曲のような、ぼんやりした印象になってしまうのです。

「グッと来る」ポイントをつくろう

そこでこうしてみましょう。

台風が近づいている。低気圧である。体は重く、頭もまわらない。こんな日はやる気が出ない。仕事もまったく進んでいない。

ただ、人間というのは、つねにラクをするため「言い訳を探す」生きものだ。

もしかしたら「台風が近づいているからやる気がない」のではなく「やる気がないことを台風のせいにしたいだけ」なのかもしれない。

この文章は後半がサビになっています。

「台風が近づいているからやる気がない」のではなく「やる気がないことを台風のせいにしたいだけ」なのかもしれない。

の部分で「そうかも」と思う人もいるでしょう。

もしくは、

台風が近づいている。低気圧である。体は重く、頭もまわらない。こんな日はやる気が出ない。仕事はまったく進んでいない。

しかし、やる気のないときほど、仕事をすべきだ。

やる気があるときに仕事が進むのは当たり前。そこでやる気がないときに仕事をするクセをつければ、そのぶん「ベース」がアップする。やる気のないときほど仕事をすることが、他人に差をつける秘訣である。

これは「やる気のないときほど、仕事をすべきだ」からがサビになっています。**この1行でドライブがかかり、後半の教えの部分につながっていきます。**

「この文章で何が言いたいのか？」「どこがグッと来るポイントなのか？」という「サビ」を意識することで、ぼんやりした文章は解消し、おもしろい文章が書きやすくなるはずです。

「言い切る」ことがおもしろさになる

サビをつくるときのコツは「言い切る」ことです。

Good!

人間というのは、つねにラクをするため「言い訳を探す」生きものだ。

Good!

やる気のないときほど、仕事をすべきだ。

など、一度はバシッと言い切る。すると強い言葉になり、サビになります。ここで躊《ちゅう》躇《ちょ》して、

Bad!

人間にはさまざまな側面があるが、ついついラクを求めてしまう人も多い。ラクをするための言い訳を探すのが人間の性《さが》と言えるのかもしれない。

Bad!

やる気のないときはなかなか仕事をしようという気にならないが、そういうときこそ仕事をやってみるといいかもしれない。

としてしまうと、同じことを伝えていても、なんだかもどかしい感じになってしまう。言い切ると多少不快に思ったり、異論反論も出てくるでしょう。そういうときは「もちろん、一概には言えないが」とか「例外もあるかもしれないが」と補足すればいいのです。

珈琲《コーヒー》は私にとって欠かせない存在なので「人生のパートナー」なのかもしれません。

←

珈琲は「人生のパートナー」です。

まず一度は断言する。勇気を持ってスパッと言い切ることで、おもしろさは増すはずです。

「固有名詞」で魅力は倍増する

多くの人に届けるために固有名詞は避けたほうがいいと思っている人がいます。普遍的にしたほうが伝わりやすいと思っているのかもしれませんが、逆です。固有名詞を入れることで文章の魅力はむしろ増すのです。

ぼくは『週刊文春』で林真理子さんが連載している「夜ふけのなわとび」というコラムが好きです。林さんのコラムには、人物名や場所などの固有名詞がたくさん出てきます。

たとえばこんなぐあいです。

Good!

新橋演舞場《しんばしえんぶじょう》に喜劇を見に出かけた。幕間《まくあい》に幕の内弁当を食べていたところ、後ろの席の女性の話し声が。

「今、ネットニュースで、西城秀樹が亡くなったって出ていたわよ」

ショックのあまり箸《はし》が止まった。

（2019年5月31日号より）

同じことを普通の人が日記に書くと、こんな感じになるでしょう。

ある劇を見に行ったときのこと。幕間にお弁当を食べていると話し声が聞こえてきた。西城秀樹が亡くなった、という。ショックのあまり箸が止まった。

「新橋演舞場」「幕の内弁当」「ネットニュース」など、林さんのコラムには具体的な名前がどんどん出てきます。

内容を伝えるうえで「新橋演舞場」という言葉は重要ではないかもしれません。よって多くの人は「新橋演舞場を知らない人はわからないから外してしまおう」と考えてしまいがちです。しかしここで具体的な名前を入れることが魅力になるのです。

固有名詞はなるべく出すことです。「お昼は中華を食べたのですが」と言うのと「お昼はオフィスビル1階に入っているバーミヤンでラーメンセットを食べたのですが」と言うのだと感じ方が違います。後者のほうが感情を動かされるはずです。

「犯人だけが知りえる情報」を入れる

固有名詞は、自分にしか知りえない情報です。「中華」ではなく「バーミヤン」、「お菓子」ではなく「カントリーマアム」ときっちり書くとおもしろくなります。「割引券」と書かずに「日高屋のもりもりサービス券」と書いたほうが絶対におもしろい。

なるべく「自分にしか書けないこと」にするためにも、固有名詞を入れましょう。

ぼくもめんどくさくなって「いろいろ」とか「たくさん」などの表現を使いがちです。しかしそこもなるべく具体的な名前や数字を入れたほうがいいでしょう。

今日は会議がいろいろあって、けっこう遅くまで残業してしまった。

ではなく、

今日は第一営業部の会議が3件、ランチは田中課長との1on1、午後はクライアントさんとの打ち合わせが4件あった。エクセルで売り上げデータをまとめ始めたのが夕方5時。結局、夜10時まで残業してしまった。

のほうが、自分にしか書けない文章になります。

「紳竜の研究」というDVDがあります。島田紳助さんが若手芸人に対して「どうやったら売れるか?」について講義した様子を収録したものです。

そのなかにこんな話が出てきます。

オール巨人さんくらいの大御所が「このあいだ道端を歩いていたら、お金が落ちてたんですよ」という話をすると、みんな信じる。巨人さんが言うなら、きっとそうなのだろう、と多くの人が思う。巨人さんにすでに信頼があるから、話にリアリティが出る。

だからその後の話も入ってきやすくなり、必然的におもしろくなる。
しかしぜんぜん知らない若手がステージに上って「このあいだ、お金が落ちていて……」と言っても、みんな信用してくれない。リアリティが出ないから、漫才もおもしろくならない。

こんな話でした。

では信用してもらうためにはどうするか？　それは「自分しか知りえない事実」を伝えることだ、と紳助さんは言います。「犯人しか知らない事実」を伝えるのです。

「このあいだ道頓堀を歩いていたら、雨上がりだったのか地面が濡れてたんだけど、そこに1万円札が落ちてたんや。こうビターッと貼り付いててな」

すると情景が浮かぶので、無名の若手でも信用してもらえる。その後の話もお客さんの心に入っていくので、絶対におもしろくなるということでした。

自分にしか知りえない情報を伝えると、リアリティが出ておもしろくなる。それは文章も同じです。

「地面が濡れていて、1万円札がビターッと貼り付いていた」という描写は、そこにいた自分にしか書けないことです。ただ「お金が落ちていた」と言うか「ビターッと貼り付いていた」と言うか。ほんの少しのディテールを加えるだけで印象はまったく変わってきます。

「冒頭」で先制パンチを浴びせる

先ほど「サビをつくろう」という話をしましたが、サビに到達する前に離脱されてしまっては意味がありません。

これだけコンテンツがあふれているなかでいちばん有効なのは**「冒頭、1行目でつかむ」**ことです。同じ内容を伝えるにしても、冒頭で先制パンチを浴びせることができれば読まれる確率は上がります。

ぼくは140文字のツイート内でも「冒頭」を意識しています。これまで多くの人に読まれたツイートも「1行目」で目を引くことができています。

Good!

給料は麻薬だ。

毎月決まった日にお金が振り込まれるというのは、得も言われぬ安心感を与えてくれる。これを断ち切るのはなかなかにしんどい。ぼくも辞めようと思ってからずいぶんと時間が必要だった。

お金は大切。でも時間はもっと大切。ぼくにとって「後悔しない選択」をすることのほうが重要だった。

この文章は「給料は麻薬だ」という強い言葉で先制パンチを浴びせています。ただここだけだと誤解を招く可能性もある。「給料を麻薬で支払うような会社があるのかな？」と思う人もいるかもしれません（いないか）。そこで2行目以降で詳しい説明をしていきます。

よく先に詳しい説明をしてから、強い言葉を入れる人もいますが、順番は逆にしたほうが効果的です。まず一瞬驚かせて「どういうこと？」と思わせてから、ていねいに解説を加えていけばいいのです。

もちろんなんでもかんでも強い言葉を使えばいいというわけではありません。さじ加減を考える必要があります。「麻薬」「殺す」「犯罪」などの強い言葉を下手に使っても、ただ不快にさせるだけです。

強い言葉は「唐辛子」です。入れすぎ注意。あくまで読者をハッとさせるためのものなので、入れるとしてもピンポイントで使用すること。強い言葉のあとに、まっとうなこと、納得できるようなことを言えば、バランスが取れて効果的です。

「読み手のメリット」をいち早く示す

「この文章を読むと、どんないいことがあるのか?」という読み手のメリットをいち早く示すことも効果的です。

Good!

仕事ができる人、お金持ちの人に共通するのは「嫌なものを嫌と言う」「ほしいものをハッキリ言う」この2つの能力が秀《ひい》でているということ。普通の人は、相手に気を使いすぎたり、忖度《そんたく》したり、怖がって口をつぐんでしまう。そして飲み屋で「なんでうまくいかないんだろう」と愚痴《ぐち》る。

仕事ができる人は「こだわり」と「素直さ」のバランスが絶妙だ。自分の得意な分野では異常なほどの「こだわり」を見せたかと思えば、そうではないところでは、平気で他人に任せ、アドバイスを聞く「素直さ」がある。どこに力を入れ、どこで手放すかのハンドリングが見事。

この2つの文の冒頭を見て読み手がまず考えるのは「仕事ができるようになる方法が書いてあるのかな?」「お金持ちになるための方法が書いてあるのかな?」ということでしょう。自分の利益になりそうなものに人は飛びつくため、読まれる可能性は上がります。

ちなみに、文の順番を入れ替えて

普通の人は、相手に気を使いすぎたり、忖度したり、怖がって口をつぐんでしまう。そして飲み屋で「なんでうまくいかないんだろう」と愚痴る。仕事ができる人、お金持ちの人に共通するのは「嫌なものを嫌と言う」「ほしいものをハッキリ言う」この2つの能力が秀でているということ。

こうするとインパクトが薄いので、スルーされてしまいます。**「最後まで読めばわかる」はいまの時代、通用しない**のです。

ネットに文章を出すのであればブラウザの向こう側、スマホの向こう側にいる人が何を思っているのか？　そこを想像して、その人に向かってまず何を言えば響くかを考えてみることです。

さらに、長めの文章を書くときには、冒頭だけでなく随所に「サビ」を入れ、飽きさせないようにしなければいけません。

メリハリのないおもしろくない文章は「プレーンピザ」に似ています。最低限のチーズとソース。いちおう食べられるけど、何も印象に残りません。

ちょっとでも印象に残したいのであれば、海鮮などのトッピングやスパイスをうまくちりばめて、トータルでおいしいピザにする必要があるのです。

おもしろい文章には「サビ」が散りばめられている

プレーンなピザ

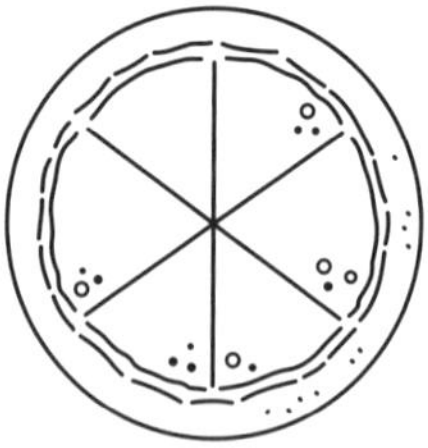

サビのない
のっぺりした文章

ビミョー。途中で飽きちゃう

↓

具沢山なピザ

サビが随所にある
飽きさせない文章

楽しい！最後まで飽きない

文章をワンランクアップさせる いくつかの工夫

具だくさんのピザのように飽きさせない文章を書くためにはどうすればいいのか？「サビをつくる」以外で、おもしろい文章に近づける方法をいくつかご紹介します。

身体感覚を伴う表現をする

Good!

目指す砂丘にたどりつけたのだから、これでいい。男は水筒の水をふくみ、それから口いっぱいに風をふくむと、透明にみえたその風が、口の中でざらついた。

これは安部公房の『砂の女』の一節です。

昆虫採集に出かけた男が砂丘にたどりついたときの描写なのですが、砂の混じった気持ち悪い空気感がダイレクトに伝わってきます。この身体感覚とともに読者は不気味で不快な砂の世界に入っていきます。

ちょっとこれは要注意の文なのですが、

あなたはアルミホイルを口に入れ、奥歯でキシキシと噛んでみました。


と書かれていたら、本当に嫌な感じになりますよね。

身体感覚が伴うと、ダイレクトに体が反応するので、感情移入もしやすくなります。

「他にいい表現がないかな」と思ったら、身体感覚を伴うような表現を探してみましょう。たとえばこんなぐあいです。

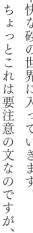

その金額の高さにすごく驚きました。
←
その金額を見て目が飛び出そうになりました。

本を開くとその言葉を偶然見つけ、ものすごく感動しました。
←
本を開くと、ある言葉がいきなりぼくの胸ぐらをつかんできました。

読めば体のどこかがもぞもぞするような表現を入れてみると、おもしろい文章に近づけることができるはずです。

「」を効果的に使う

ぼくはよく「」を使います。

「」の役割は、大きく2つあります。

ひとつは、ひとりごとや会話。もうひとつは分割、強調です。


今日聞いた話で「たしかに！」って思ったのが、人は忙しいからメンタルを崩すわけでも不安だからメンタルを崩すわけでもなく「どこに向かってるかわからなくなったとき」メンタルが弱るという話。

目指すべき場所がハッキリしていて確実にそこに向かっていれば、多少忙しくてもメンタルは健全に保てる。


ひとつめの「たしかに！」はひとりごとです。こうして「」を使って、ひとりごとや会話を入れることで、読み手は共感しやすくなります。

後者の「どこに向かってるかわからなくなったとき」の「」は強調です。他と区別して「ここがポイントですよ！」ということを示すために「」を使う。読者の視点を一回止めるわけです。

「」がないと、

今日聞いた話でたしかに！　って思ったのが、人は忙しいからメンタルを崩すわけでも不安だからメンタルを崩すわけでもなくどこに向かってるかわからなくなったときメンタルが弱るという話。

となり、ダラーッとした印象になります。どこを強調したいのかわかりません。

ちなみに**「」は効果的ではあるのですが、使いすぎには要注意です。**多すぎると効果が薄まりますし、ガチャガチャした文章になってしまいます。

「たとえ」の達人になる

「たとえ」も文章を魅力的にする方法です。抽象的に理解させるだけでなく、イメージを脳内につくりだせるので実感を持って理解してもらえるのです。

たとえばこんな文章です。

スゴい人と仕事をしたいからといって、スゴい人に近づいても意味はない。講演会やトークイベントであいさつしても、仕事をもらえることはまずない。スゴい人はいわば「雲の上の山頂付近」にいるのだ。ぼくらがふもとに駆け寄っても見えてすらいないだろう。やるべきは「自分の山を登る」ことだ。腕を磨くことだ。山をひたすら登って雲から抜け出たとき、自ずとスゴい人はこちらを見つけてくれるだろう。まず、自分の山を登ろう。

ようするに「スゴい人に近づこうとするのではなく、自分の腕を磨こう」ということですが、山のたとえを使ったことでイメージがしやすくなったはずです。

抽象的な話だけで終わると、引っかかりがありません。「山」「雲」「ふもと」など、具体的にイメージできる言葉があることで「あ、なるほどな」と思ってもらえるのです。

絶妙な「たとえ」はオリジナリティになります。

新しい思想や考え方、アイデア、理論を生み出そうとしても、長い歴史のなかでほとんど出尽くしています。先ほどの「スゴい人に近づこうとするのではなく、自分の腕を磨こう」という考え方だって、誰かがすでに言っていることでしょう。

ただ、そこで自分なりの「たとえ」を見つけることができれば、それは新しいものになります。自分だけのコンテンツになる。それが個性になるのです。

構造が似たものを探して、引き出しに入れておく

どうすれば「たとえ上手」になれるのでしょうか?

まずは、つねに「これは何かに似ていないかな?」「これはどういうものにたとえられるかな?」と考えるクセをつけましょう。ぼくも日々ツイッターをやるなかで「もっとうまく言えないかな」と考えることを習慣にしています。

ほんと「すぐやる」ってそれだけで価値だなあとつくづく思う。
時間をかければかけるほど、締め切りを延ばせば延ばすほど、時間の「利子」がついていくイメージ。１００返せば良かったのに、１２０、１３０返さなきゃいけなくなる。
すぐやらない人は時間の利子で借金まみれになっている。

この文章は「お金と時間は構造が似ているな」という発見から生まれたものです。来たメールをすぐ返せば「了解です」ですむのに、2～3日置いてしまうと「遅れてすみません。ここ数日バタバタしておりまして……」などと余計なことを書かなければいけなくなります。これは借金の返済が遅れて利子がつくのに似ているなと思ったのです。

> 「10年後、ここを森にしたい」と思ったら、いますぐ苗を植えないといけない。
> でも確信がなかったり不安だったりして「いつかここが森になるといいな」と思いながらも動かない。「木が生えてきてから考えよう」なんてことを言っている。
> 10年後を考えるなら、いま苗を植えないとな。急に森はつくれない。

これは大きなことを成し遂げるのは、長い時間かけてやっとできあがる「森」に似ているなと思ったことで書いたツイートです。たとえるものと似ている部分が多いと、納得度の高い文章になります。

半径3メートル以内のことでたとえてみる

たとえるときは、なるべく多くの人がイメージしやすいものでたとえるほうがいいでしょう。**できれば半径3メートルくらいにある身近なものだと多くの人が感情移入しや**

すくなります。

ルールがない組織って、自由そうに見えてストレスフル。いわば信号のない交差点。みんながずっと気を使わないといけないから、進むのも止まるのもスムーズじゃない。

そういう組織ではたいてい「ケースバイケースに対応する」が常套句《じょうとうく》。だからぜんぜん安心できない。

これも「信号」「交差点」という身近な存在を引き合いに出したものです。何かを説明するときに「これ、何かに似てないかな?」と考えてみるのです。

ちなみに、たとえに出されることがいちばん多いのは、ペットボトルの水ではないかと踏んでいます。それは会議の席にたいてい置いてあるからです。

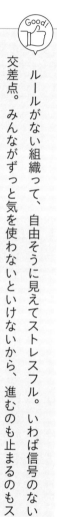

「たとえばこの水なんですけど、ラベルを隠したらどこのものかわからないですよね?」

「これってただの水ですけど、昔はこんなものが売り物になるとは思ってなかったですよね？」など、広告クリエイターあたりがおそらく5万回くらいはたとえに出しているはずです。

ぼくはテレビや映画を観ていて「これって、あれに似てるな」と思ったときはメモをとるようにしています。

昔、未開の地の部族に会いに行くドキュメンタリー番組を観ました。スタッフが部族に会いに行くとき、とにかく部族の言葉で「こんにちは」とあいさつをすることが大切だといいます。そうしないと敵とみなされて攻撃されるのだそうです。

そこでぼくはこう思いました。「これ、会社であいさつしない人に敵意を抱くのと似てるな」。そして「あいさつしないと敵とみなされる」というようにメモをするのです。

こうしてメモしておけば、あいさつについて何かを書くときに使えます。「あいさつは大切だと思います」だけだと「知ってるよ、バカ」となります。でも「未開の地の部族でもあいさつをしないと敵とみなすそうです。あいさつは世界共通の仲よくなるツールなのでしょう」のように書けば説得力が増し、それがオリジナリティになるのです。

「順番を変える」だけで印象は変わる

「結論から書きましょう」「先制パンチを浴びせましょう」とお伝えしました。最近は情報が多すぎて、なるべく早めに言いたいことを言わないと伝わらないからです。

一方で、**読み手を惹きつけておけるのであれば、結論を後回しにすることで印象を強めることもできます。**

つまり本当に大切なのは「結論を先に」という表面的なことではなく、読み手の心理を読みながらどういう順番で文章を編んでいくかをつねに考え続けるということです。

「順番」を変えるだけで、文章の魅力度はガラッと変わります。

たとえばこんな文章があったとしましょう。

Bad!

結婚式の朝、私の父が「よかったな」と言ってくれました。
父は寡黙《かもく》で頑固な性格です。
私が東京に出てから約10年間、父親とは口をきいていませんでした。

いちばん言いたいことが結婚式の朝の話だったので、この順番にしたのでしょう。しかし、結婚式の朝の場面がさらっと先に出てくるので、そこまで印象に残りません。そのあと「ああ、このお父さん、本来はあんまり話さない人なんだ、へえ……」くらいではないでしょうか。

では、順番を変えて、こうしてみるとどうでしょうか？

Good!

私が東京に出てから約10年間、父親とは口をきいていませんでした。
父親は寡黙で頑固な性格なのです。
そんな父が結婚式の朝、私に「よかったな」と言ってくれたのです。

寡黙な父。約10年も話していなかった父。そんな父が結婚式の朝だけ、口を開いてくれた。想像するとちょっとグッと来る話です。

内容はまったく同じなのに後者だと「よかったな」に重みが加わります。**言いたいことや結論をあえて後に回したことで、これまでの伏線が回収され感動が生まれたのです。**

「共感、発見、感動」でシェアを誘う

多くの人に読んでもらえる方程式があります。

それは**「共感→発見→感動」**というものです。

ぼくは識学というコンサルティング会社の情報発信のサポートの仕事をしています。その仕事の一環で次のページのような『日本経済新聞』の全面広告のメッセージを作成したことがあります。このメッセージが「（結論↓）共感→発見→感動」を説明するのにピッタリなのでご紹介します。

社員を大切に。

世の中に「社員を大切にしたくない」経営者などいないでしょう。

ただ、いまこの危機のときに、あらためて「社員を大切にする」ということについて考えたいのです。

「社員を大切にする」とは、社員に楽しく働いてもらうことでしょうか？　社員にモチベーションや夢を与えることでしょうか？

私は違うと思います。社員を大切にするとは、社員を成長させ「生き抜く力」を身につけさせること。それしかないのです。

親は子どもを大切にするからこそ、甘やかさずに育てます。経営も同じです。どんなに厳しい時代になっても力強く生きていけるように、人と組織を育てる必要がある。私はそう考えます。

リーダーの仕事は“従業員満足度”を高めることではありません。“社員の成長”にこそ責任を持つべきなのです。

本当に「社員を大切にする」経営者のパートナーであり続けたい。私たち「識学」の願いです。

冒頭の「社員を大切に。」は結論、いちばん言いたいことです。

それに続いて、読み手の心をつかむため**「共感」**のパートを入れます。

世の中に「社員を大切にしたくない」経営者などいないでしょう。
ただ、いまこの危機のときに、あらためて「社員を大切にする」ということについて考えたいのです。

まず「社員を大切に。」というコピーを見て、多くの経営者は「あたりまえだろう」「何をいまさら」と思うでしょう。もしくは「こんな厳しい状況でそんなきれいごとは言ってられないんだよ」と憤《いきどお》る人もいるかもしれません。そこで「もちろん、社員を大切にしたくない経営者などいないですよね？」と共感を誘います。そして一緒に「社員を大切にすることについて考えてみましょう」と呼びかけます。

次は**「発見」**です。ただ共感させるだけのメッセージでは何も心に残りません。何かしら心を動かす「発見」が必要なのです。メッセージはこう続きます。

「社員を大切にする」とは、社員に楽しく働いてもらうことでしょうか？　社員にモチベーションや夢を与えることでしょうか？

私は違うと思います。社員を大切にするとは、社員を成長させ「生き抜く力」を身につけさせること。それしかないのです。

「社員を大切にする」とは「甘やかせる」ことではなく「生き抜く力を身につけさせる」こと。この定義に何かしら「発見」がある経営者もいるのではないでしょうか？

最後は**「感動」**です。「発見」で終えてもいいメッセージになるのですが、「人に言いたくなる」「シェアしたくなる」「読み返したくなる」レベルまでは行きません。そこであざとくならない程度に感動してもらう必要があります。

親は子どもを大切にするからこそ、甘やかさずに育てます。経営も同じです。どんなに厳しい時代になっても力強く生きていけるように、人と組織を育てる必要がある。私はそう考えます。

リーダーの仕事は〝従業員満足度〟を高めることではありません。〝社員の成長〟にこそ責任を持つべきなのです。

本当に「社員を大切にする」経営者のパートナーであり続けたい。

私たち「識学」の願いです。


と伝えることで、心に「じん」としたものを残すことができるはずです。

レストランや整体院なども「感動レベル」に達すると口コミになります。ただ、驚きや発見があるだけでなく、店を出るときの印象がよかったりすると「あの店、よかったっすよ」と言いたくなります。次の日に体が軽かったら「あそこの整体、すごいですよ」と言いたくなる。感動があるとシェアしたくなるのです。

「どういう感情になってほしいか」を考えて長文を編んでいく

「長文を書くのが苦手」「長文だと読んでもらえない」という人も多いでしょう。

たしかに長文を最後まで読んでもらうのは至難の業です。ただ「いま読み手はどう感じているのかな?」「最後にどういう感情になってもらおうかな?」と考えながら文を編んでいけば、長文であってもきちんと読んでもらえます。

ぼくが本をつくるときも**「読み終えてどういう感情になってほしいか」**を考えています。読後感から逆算して文章を組み立てていくわけです。

ディズニーランドにはいろんなアトラクションがあります。途中で疲れたらレストランで休むこともできます。途中、パレードもあります。帰るころには花火が上がって、素敵なお土産を買って余韻に浸ることができます。だから1日中いても飽きませんし、帰ったあと友だちに「よかったよ」と話したくなります。

おもしろい本はディズニーランドに似ています。

どれだけ長くいても飽きない。どの章もおもしろい「アトラクション」になっている。「ちょっと飽きてきたな」「ちょっと疲れたな」というときに驚く仕掛けが用意されていたりします。そして、最終章やあとがきで感動させられる。だから他人に「この本いいよ」と広がっていくのです。

タイトルは0・2秒の戦い

本章の最後に「タイトル」の話をします。

本にはタイトルがあり、ビジネス書は特にタイトルで売れ行きが左右されます。そして、ｎｏｔｅでも企画書でもメールでも文章の「タイトル」はものすごく重要です。

文章に出会ういちばん最初のきっかけが「タイトル」です。

人はツイッターをさーっと眺めていて、0・2秒くらいの無意識の時間で「読むかどうか」を判断します。ということは、その0・2秒で「なんだろう？」と思ってもらって、読んでもらえないといけないのです。

では、どういうタイトルをつければいいのでしょうか？

「中身を知らない人」がピンと来るタイトルを

以前、「ハフポスト日本語版」編集長の竹下隆一郎さんから本のタイトルの相談をされたことがありました。「いま本を書いていまして『☆（ほし）の人脈術』というタイトルをつけようと思っているのですがどうでしょうか？」ということでした。

ぼくはそのタイトルを聞いて「ん？」と思ってしまいました。そこで「☆というのはどういう意味ですか？」と聞くと、こんな答えが返ってきました。

「これからの人脈術は、まんべんなくいろんな人と仲よくしなくてもいい。苦手な人は無理に付き合わず、気が合う人とだけ親密になる。相手との距離を等間隔に保つ「円型」ではなく、一人ひとりと距離の異なる「星型」の人脈を築こうという内容です」。

そこまで内容を聞くと「なるほど！　たしかに！」と思いました。ただ、おそらく内容を知らない人からすると「どういうこと？」と思われてしまう。というよりも、なんとも思われずスルーされてしまう危険性のほうが高いでしょう。

『☆の人脈術』は文章の中身を知っている人がしっくり来るタイトルです。でも、**手に**

取ってほしいのは「文章の中身をまったく知らない人」です。だから、中身を知らない人がピンと来るようなタイトルをつけないといけないのです。

ものすごくあたりまえのことなのですが、編集者と著者で何度もやりとりして熱くなっていると、うっかりその落とし穴にはまってしまいます。

ぼくがタイトルをつけるのであれば『人見知りでも人脈を増やす方法』とか『内向的な人のための最強コミュニケーション術』といった感じでしょうか。このタイトルであれば、まったく中身を知らない人でも手に取りやすくなります。

「自分は人見知りだけど、営業の仕事をしていて人脈をつくらないといけない」みたいな人はたくさんいるはずです。しかも「ぼくなら買いたいな」と思えるタイトルです（最終的にこの本は『内向的な人のためのスタンフォード流ピンポイント人脈術』というタイトルに決定しました）。

これは本のタイトルの例ですが、ウェブの記事などでも同じです。むしろインターネット上のほうが熾烈《しれつ》な争いです。本であれば、デザインやオビのコピーなどで補足できますが、ネットではタイトルだけの勝負になる。そのときに「意味がわからない」ものは、せっかく一生懸命書いたものであっても素通りされて終了なのです。

入り口のタイトル、出口のタイトル

以上のことを説明するとき **「入り口のタイトルをつけましょう」** という言い方をします。本の企画でもウェブの企画でも、入り口と出口があります。

企画を発案して「さあ、これから始めるぞ」という段階が「入り口」です。その後、リサーチ、取材、執筆と進んでいき、最終のアウトプットをする段階、それが「出口」です。

多くの人は「出口」でタイトルをつけがちなのです。つまり、取材や執筆のあいだに得た知識や考えたことをタイトルに反映させてしまうのです。しかし読者はまだ入り口にすら立っていません。そのときに出口のタイトルを聞かされても「?」となるだけでしょう。

タイトルをつけるときは、その企画をまったく知らない人、興味がない人でも「なんだろう?」「気になる」と思えるようなものにする必要があるのです。

出口のタイトルでは惹かれない

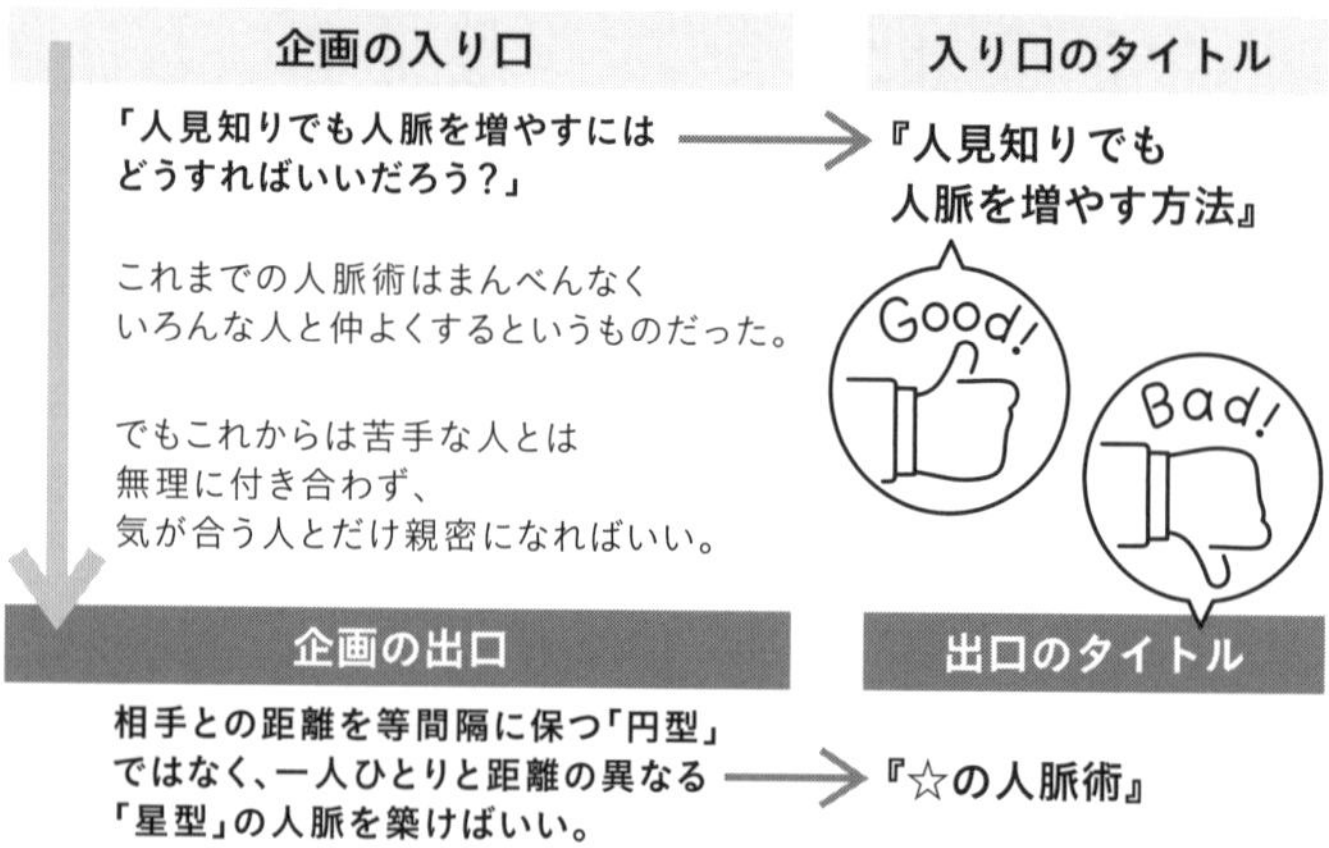
企画の入り口
入り口のタイトル
「人見知りでも人脈を増やすには
どうすればいいだろう?」
『人見知りでも
人脈を増やす方法』
これまでの人脈術はまんべんなく
いろんな人と仲よくするというものだった。
Good!
でもこれからは苦手な人とは
無理に付き合わず、
気が合う人とだけ親密になればいい。
Bad!
企画の出口
出口のタイトル
相手との距離を等間隔に保つ「円型」
ではなく、一人ひとりと距離の異なる
「星型」の人脈を築けばいい。
『☆の人脈術』

総論的なタイトルを
つけてはいけない

総論のようなタイトルをつけてしまう人もいます。

「この文章をひとことで言うとなんだろう?」と考えてタイトルをつけてしまうと、ぼんやりしたタイトルになりがちです。尖《とが》りがなくなる。引っかかりがなくなってしまうから、あまり読まれません。

『さおだけ屋はなぜ潰れないのか?』(光文社新書)という本があります。言わずと知れた出版の歴史に残る大ヒット作です。

この本のタイトルを「総論」で表すなら「いちばんわかりやすい会計の本」でしょ

う。別に悪いタイトルではないかもしれません。会計をわかりやすく知りたい人に刺さるので数万部は売れていたかもしれない。ただ、百万部以上も売ることはできなかったでしょう。

実は「さおだけ屋」の話はこの本のトピックの一部にすぎません。しかし、その**「いちばんおいしいところ」「多くの人の興味を引きそうなところ」をあえてタイトルに持ってきたことで市場が十倍以上にも広がったのです。**さおだけ屋への興味が入り口となって、結果的に100万人以上の人が会計を学ぶことができました。

いちばんわかりやすい会計の本（総論）
←
さおだけ屋はなぜ潰れないのか？（いちばんおいしいところ）

「なんだ、釣りタイトルじゃないか」と思う人もいるかもしれません。
たしかにすべてを表したタイトルではないため、ある意味での「釣り」かもしれない。
ただ「釣り」が批判されるのは、タイトルとぜんぜん違うことが書いてあったり、読んでがっかりしたりするようなものです。そういう「釣り」をしてしまうと信頼を失います。一方で、中身がよくて、結果的に会計も学ぶことができるというように、読み手のプラスになるのであれば、それはいい「釣りタイトル」だと思うのです。

あえて読者の興味を惹きつけるタイトルで心の中に入り込み、本来であれば届けにくいようなメッセージを届ける。木馬だと思わせて兵士を送り込んだ「トロイの木馬作戦」のように、目的をあえて隠して、相手に刺さるようなタイトルで攻めるのです。

CHAPTER4で語ってきたことは、より魅力的な文章にするための工夫にすぎません。いちばん大切なのは**「伝えたいことは何か?」を明確にし、それをきちんと伝えること**です。その核の部分がないまま表面的なテクニックを用いても意味がない、ということは付け加えておきたいと思います。

CHAPTER 4 まとめ

こうすれば、文章がおもしろくなる

01

「サビ（読ませどころ）」「共感ポイント」を意識して文章を構成する。

02

「たとえ」で引き込ませ、「　」や太字を効果的に使用する。

03

「共感→発見→感動」のパターンに当てはめる。目指すはディズニーランド！

04

中身を知らない読者の興味を惹くタイトルをつける。

コラム

悪用厳禁！
人を洗脳する文章のつくり方

ぼくはこれまでビジネス書や実用書を多くつくってきました。

これらの本は小説やエッセイとは違い、読み手に行動を促すことが目的です。

そういう本をつくるなかで、人を「洗脳」する……というと聞こえがよくないのですが、人を動かす文章のコツのようなものが見えてきました。

ここでは人を動かす文章のコツをお伝えします。言うまでもなく悪用厳禁です。


人を動かす文章を書くときは**「共感」と「夢」を絶妙に絡《から》ませていきます。**

まず、人を動かすための準備段階は「共感させる」ことです。

占い師のように「あなたは話すのが苦手ですよね？」「あなたはいま幸せじゃないですよね？」と語りかけながら「共感」を引き出していきます。

共感をさせることで、相手は「あ、この人、私のこと、わかってる！」「この人の言うことなら聞いてもいいかも」と思い始めます。

このタイミングで「夢」を語ります。どういうことかというと「こうなったらいいですよね？」「こうなりたくないですか？」と示すのです。

ダイエットを促す本であれば、こんな文で読み手を惹きつけます。

毎朝私は、ベッドから飛び起きます。起きるのがとても楽しみだからです。

体は子どものときのようにとても軽く、早く誰かに会いたいとウズウズするんです。

食事もおいしいし、体を動かすことも気持ちいい。オシャレも太っているときより10倍は楽しめています。

夢、羨望《せんぼう》、うらやましがらせる。「ああ、こうなったらいいなあ！」と思わせる。「こっちに来るといいよ！」と畳《たた》みかけるわけです。

ただそうやってうらやましがらせていると、再び読み手はこんなふうに思い始めます。

「待てよ、私には、俺には、無理だ。こうはなれない。この人だからできたんだ」と。

そこですかさず再び「共感」を持ってきます。


いま「私には無理だ」と思われたかもしれません。

でも安心してください。5年前、私もあなたと同じ状況だったからです。あなたと同じように「こんなふうになれっこない」と疑っていたひとりでした。


こうすると「え？ この人も自分と同じだったんだ」と思ってもらえます。

「共感」で読み手と同じ立場に立ち、「夢」を語り、疑われたら、その都度「共感」を挟んでいく。こうして読み手の心をつかみながら文章を編んでいくと、人を動かす文章になっていくのです。


例をひとつご紹介します。

あなたがある「怪しいセミナー」の主催者で、そのセミナーに来てほしいとします。その場合、こういう文章を書くと人が集まる……かもしれません。

共感

あなたは「人生を変えたい！」と思ったことはないでしょうか？

たった一度きりの人生。毎日毎日同じ机にしがみついて淡々と仕事をこなす。

「5年後、10年後も同じような日々を過ごしているんだろうか……」とうんざりしてはいないでしょうか？

夢

はじめまして。AYASHIセミナーの◯◯と申します。

私は毎日が楽しくて仕方がありません。お金に困ることはまずありませんし、思い立ったときに海外旅行に行くこともできます。今年もすでに2回ハワイに行ってきました。自慢に聞こえたらすみません。でもこれは特別なことじゃないんです。

共感

私も3年前までこれを読んでいるあなたと同じような状況でした。

満員電車に揺られ、上司に怒られ、取引先に謝罪をし……もううんざりだ！

共感

そう思ったときにこのセミナーに出会ったのです。「なんだか怪しいな。流行《はや》りの自己啓発セミナーか？」私も半信半疑で通い始めましたが、本当にあのとき、参加を決めてよかったと心から思います。たった3年で本当に幸せで自由な人生を手に入れたのですから。

夢

もしこの文章を信頼してくださるのなら、まったく違う人生があなたを待ち受けていることをお約束します。一度きりの人生なのに、このまま不満を抱えながら生きていくつもりですか？　それとも、これをきっかけに最高の人生に舵《かじ》を切りますか？　決めるのはあなたです。

まずは、お気軽にご相談ください。あなたの連絡をお待ちしています。

どうでしょうか？

呼びかけるときは「みなさん」ではなく「あなた」を使うのも小さなことだけど重要です。目の前の「あなた」に語りかけてるんですよ！　という空気をつくるのです。

共感させて「こうなるといいよー」と夢を見させて、さらに共感で導きたい方向に持っていく。同じことを伝えるのでも、このあたりのことを念頭に置いておくと伝わり方が変わってくるかもしれません。

最後に。こういう手口で本当に「怪しいセミナー」に誘ってくる悪い人もいるので、お気をつけください。

CHAPTER

5

続かなくてしんどい

書くことを「習慣」にする方法

スキーの教則本を読んでも滑れるようにはならない

ここまで「読まれる文章」「おもしろい文章」の書き方についてお話ししてきました。

ただいくらノウハウを詰め込んでも、やはり最後は**「実際に書いて、みんなに読んでもらう」**ことで腕を磨いていくしかありません。一度はうまく書けても、続けなければ力はついていかないのです。

スキーの教則本をいくら読んでも、スキーがうまくならないのと同じです。実際に滑って転んでみなければ、腕は上達していきません。

「とはいえ、書くのって続かないんだよな……」

「書くことを習慣にするにはどうすればいいんだろう……」

そういう人にオススメなのが**「ツイッター」**です。

「なんだよ、それ」と言われそうですが、もちろん他人のツイートを眺めているだけではダメです。「おなかすいた」「部長ウザい」だけでもダメです。**きちんとした文章を発信して、ＰＤＣＡを回す。適切な使い方をすれば、文章力を磨くうえでツイッターほどいいツールはありません。**

長文という「フルマラソン」をするなら、まずツイートという「散歩」から

本などの長文を書くのが「フルマラソン」だとすれば、ｎｏｔｅやブログなどのやや長い文章は「ジョギング」。ツイッターのような短文は「散歩」です。

マラソンを完走したい人は、ふだんからジョギングや散歩をしています。毎日散歩すらしない人がいきなりマラソンに挑戦すると、アキレス腱が切れてしまいます。

文章も同じように、短文を書けない人がいきなり長文を書くのは危険です。どんなに

長い文章も、結局は短い文章の集まりです。「私はツイッターなんかじゃなくて、きちんとした文章が書きたいんだ」という人も、まずはツイッターという「散歩」から始めてみてはどうでしょうか？

ツイッターで「ああ、こんな感じが求められてるんだな」「私はこういうテーマなら楽しく発信できそうだな」とわかってきたら、今度はそのテーマでｎｏｔｅやブログを書いてみるのです。

ｎｏｔｅやブログが人気になってくると、今度はウェブメディアや出版社から声がかかるようになるかもしれません。するとさらに長文を書く機会も訪れます。

いきなり長文に挑戦しようとせず「短文→やや長文→長文」というように、書くレベルを少しずつ上げながら身につけていくといいでしょう。

出世魚のように小さく生んで、大きく育てる

ぼくの場合、何かを思いついたら、スマホにメモをしておきます。

どうせ50億年後には地球は太陽に飲み込まれるんだし仲よくやろう

これは先日メモしたものです。

地球の歴史に関する本を読んでいたとき「50億年後に地球は太陽に飲み込まれる」という記述を見つけて書いたものです。

「世界では、アメリカと中国がどうこう、イランが、北朝鮮が、右派だ左派だ、と揉《も》めているけど、どんなに争ったとしても最終的には太陽に飲み込まれて地球は消えるわけだしみんな仲よくやればいいじゃん」と思ったのです。

あることを思いついたら、このように「いつかどこかで発信できるかも」と思ってメモしておきます。そのまま忘れていくネタもたくさんありますが、一方で、**さらに思考が進んでいったり別のネタと組み合わさったりすることで、ひとつのコンテンツにまとまっていく場合もあります。**「これは反応ありそうだな」というレベルに達したら、140文字にまとめて発信します。そこで多くの「いいね」がついたら、今度はさらに

発想は「出世魚」のように育てる

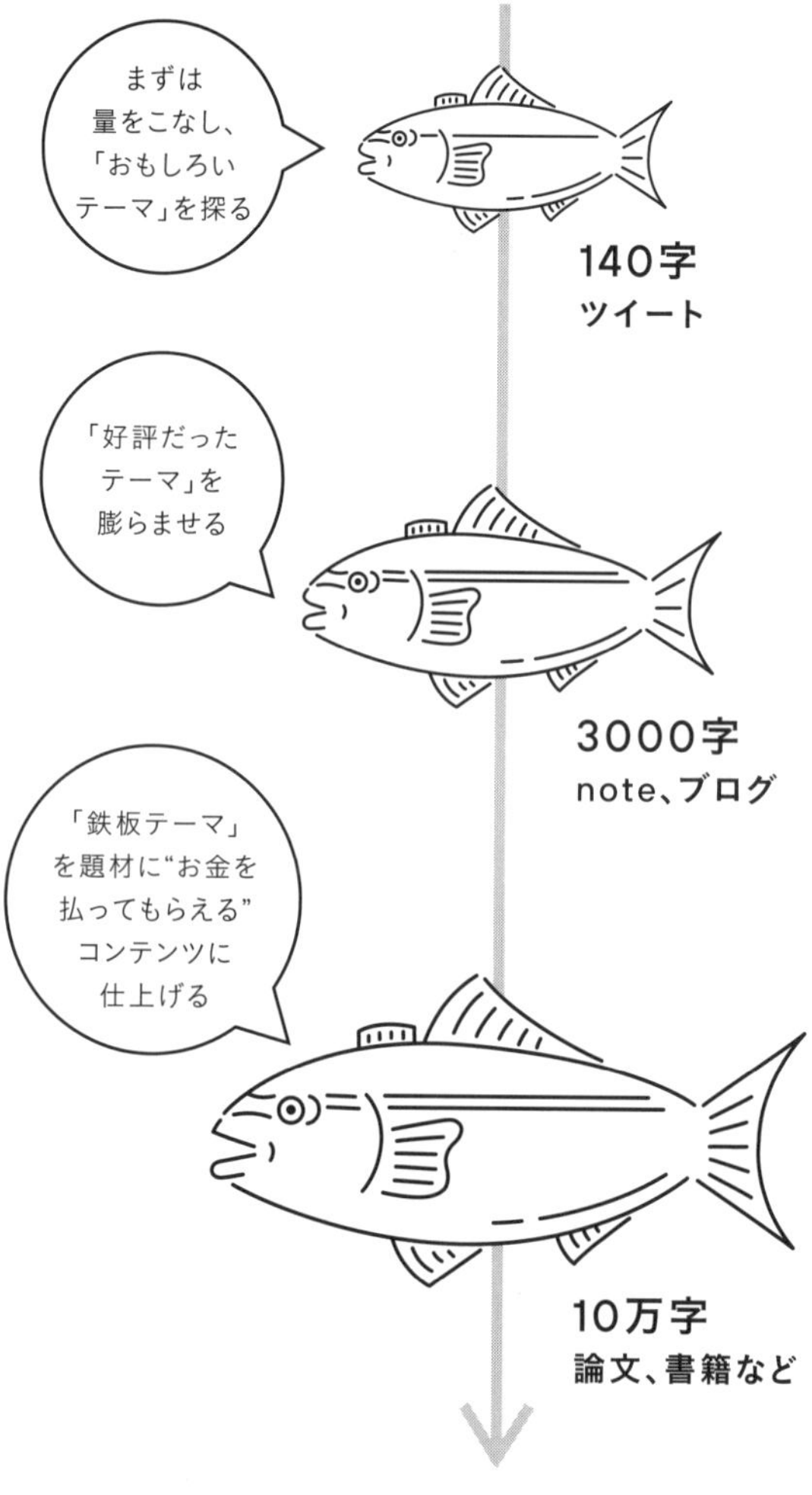
まずは
量をこなし、
「おもしろい
テーマ」を探る
140字
ツイート
「好評だった
テーマ」を
膨らませる
3000字
note、ブログ
「鉄板テーマ」
を題材に“お金を
払ってもらえる”
コンテンツに
仕上げる
10万字
論文、書籍など

詳しくnoteに書くのです。

ぼくはこのように、**ちょっとした発想を「メモ→ツイート→ブログ」と出世魚のように育てていく方法をとっています。**

いきなりブログやnoteで3000文字を書くのは大変です。しかも大変なわりに、もし読んでもらえなかったら、メンタル的にもダメージが大きい。まずはツイッターで「市場調査」してみて「この話題はイケそうだな」とわかった時点で長文にチャレンジしてみるのです。

ツイッターは「デパ地下の試食コーナー」

ツイッターのタイムラインは「デパ地下の試食コーナー」に似ています。

小さなコンテンツの断片がわーっと並んでいる。お客さんはそれを眺めながら「うん、これおいしいわね」「これはまあまあだわ」というぐあいに味見をしていきます。

コンテンツができたら、まずは「試食コーナー」に並べてみましょう。するとお客さんがおもしろいかどうかを判断してくれます。

たしかに情報は年々増える一方なので、競争は激しいかもしれません。ただ、買わない宝くじは当たりません。とりあえず「エントリー」しないことには、伝わることは一生ないのです。「自分にはどうせ発信することなんてないや」とあきらめず、エントリーし続けていれば思わぬ反応があるかもしれません。

自分にとっては普通のことでも、意外にみんなからは「おもしろいね」と言われることもあります。文字にすることで、新しい発見が生まれることもあります。ひとつのツイートで始まった会話から、おもしろい企画が生まれたりするかもしれません。

まずはいろんな人に「試食」してもらいましょう。

フォロワーは最強の「編集者」である

作家と違って、普通の人に編集者はつきません。「これはおもしろいですよ」「ここはいまいちですね」などと言ってくれる人はいません。

でも**ツイッターをやると、フォロワーが「編集者」の役目を果たしてくれます。**ツイートして反応がなければ、それは「あまりおもしろくなかった」ということです。リツイートされるなら「これは広めたいくらい素晴らしいね！」ということです。「いいね」だけなら「まあまあよかったよ」「わかるよ」ということです。

出版社の編集者のようにていねいにフィードバックしてはもらえませんが、おもしろかったかどうかは反応してくれます。

フォロワーは、画面のすぐ向こうにいる「読者」であり「編集者」なのです。

画面の向こう側の人は何を考えているか？

発信するとき、画面の向こう側には生身の人間がいます。よって、彼ら彼女らがどういうことを考えているのか？　どういうことに反応するのか？　ということを考えながら発信すると力がついていきます。

> 会社を辞めると「人生＝仕事」になりがち。たしかに自由にはなるんだけど、気づけばずっと仕事のことを考えてしまう。フリーになりたい独立したいという人は、仕事が好きな人じゃないとなかなかしんどいと思う。「仕事はそこそこやって、ちゃんと休みたいんだ」という人は会社員のほうが向いてるかも。

たとえば、このツイートは「会社を辞める」というフレーズに反応する人が多いだろうなと思いながら発信したものです。

発信したのはちょうどお盆休みのタイミングでした。そういうときは「会社を辞めようかな、どうしようかな」と考えている人が多いと踏んだのです。帰省先でなんとなくツイッターを眺めていて「会社を辞める」という文字がパッと入ってきたら読んでくれるはずだという計算がありました。結果的に多くの人が反応してくれました。

発信するときは「いま多くの人は何を考えているのか？」を考えることです。画面の向こう側にいる人が何を思っているかを考えて、その人に向かって話しかけるような感覚です。

ぼくはツイート以外の文章を書くときにも「これをツイッターのタイムラインに流したとき盛り上がりそうか？」をつねに考えています。そうすることで、自然と「需要のある」文章を書くことができるようになります。

他人のツイートでバズっているものがあれば「これはなぜバズっているのだろう？」と考えてみることも勉強になります。「おもしろいから、かな？」「役立つから、かな？」と自分なりに分析してみる。すると自分が何を発信するべきかのヒントが見えてくるかもしれません。

ライティングは孤独な作業……ではない

「書くというのは自分自身と向き合う孤独な戦いである」というのもひとつの考え方でしょう。原稿用紙やパソコンに向かって、ひとり文字を紡《つむ》ぐ。孤独な戦いの末に生まれてくる文章には重みがあります。

一方、SNS時代には新しい「書く」スタイルがあってもいいでしょう。

ツイートすることも書くことです。誰かにリプライ（返信）することも、誕生日のメッセージだって書くことです。もっと自由で軽やかなライティングがあってもいいと思うのです。

SNSが生まれてからは、チーム戦、共同作業でのライティングもできるようになりました。誰もいないところで、たった一人で、いい文章やウケる文章、わかりやすい文章を書き続けるのは難しいことです。いまはせっかくSNSというツールがあるのだから、みんなで文章をつくり上げていけばいいのです。

「書く」に対する、小難しいイメージをいまこそ変えるときです。

長い文章を書かなくていい。立派な文章を書かなくていい。一人で書かなくていい。

さらにこれまでの「納品主義」のイメージも変えましょう。

これまでのライティングは「完成品になるまで書き手の脳に留めておくもの」でした。

しかしこれからは、下書きの段階からみんなで共有してもいいのです。**「ベータ版」の段階で多くの人の目に晒《さら》して、そこから磨き上げて完成に近づけていくわけです。**

「納品主義」ではなく「カイゼン主義」でいきましょう。

ツイッターで得られるさまざまなメリット

ツイッターはただのツールです。使い方次第で「武器」にも「道具」にもなります。ナイフと同じで、他人を傷つけることもできればリンゴの皮をむくこともできるわけです。賢明なあなたは、自分を高め、世界をよくするために、ツイッターというツールを200%有効に使ってほしいと思います。

別にぼくはツイッター社の回し者ではありませんが、ツイッターの習慣を身につけると得られるメリットはたくさんあります。思いつくままに紹介してみます。

① 発信する勇気が手に入る

ツイッターでは「発信する勇気」が得られます。

発信するからには、スベるリスクもあるし、無視されるリスクもあるでしょう。職場の人に陰口を叩かれるかもしれないし、飲み会で晒される可能性もある。

しかし、それ以上に得られるメリットのほうが大きいのです。他人の目を気にしていては何もできません。ツイッターを続けることで「発信する勇気」を手に入れましょう。

②自意識をコントロールできるようになる

発信することにはどうしても「自意識」がつきまといます。

自意識が高すぎるとうまく発信できません。恥ずかしくて消したくなったりもします。

しかしそこを乗り越えなければ、書く力は身につきません。ツイッターの発信に慣れることで自意識もうまくコントロールできるようになるはずです。

③マーケティング力が身につく

何がウケて何がウケないのか？　どういう言い回しや言葉を使うとウケがいいのか？

そうした「マーケティング力」を日々のツイートで養うことができます。

渾身《こんしん》のツイートのいいね数が「2」、何気ないツイートがバズる。そんな経験を繰り返しながらマーケティング力は身についていきます。

④　共感力が身につく

③に似ていますが、ウケる文章を書くには「共感力」が必要です。「あるある！」「わかるわかる！」と思ってもらえるような文章はウケがいいもの。「この感じ、あるあるだよね！」と思ったら、ツイートして反応を探ってみましょう。

⑤　構成力が身につく

同じ内容でも構成次第でウケたりウケなかったりします。構成を考えるうえでもツイッターは有益です。**「一文一文は短いほうがいい」「最初の一文で目を引いたほうがいい」**など、これまでお話ししてきたポイントをツイッターで試してみましょう。

⑥　コピー力が身につく

いわゆる「パワーワード」、力のある言葉を身につけるのにもツイッターは最適です。とにかく刺激の強い言葉を使えばいい、というわけではありません。つねに「どうやったら遠くまで飛ばせるだろう」と考えながら言葉のチョイスをするのです。

⑦文章のリズム感を鍛えられる

よく言われることですが「〜だ。〜だ」が続くと単調になります。**「〜だ。〜なのだ。〜のである」など語尾を変えるなどして、心地よいリズムをつくる。**その練習になります。ツイッターくらいの短文で練習しておくと、長文を書くときにも役に立つはずです。

⑧思考力・考察力が身につく

何度も言うように「おもしろい文章は内容がおもしろい」のです。ツイッターは特に中身がおもしろくないと広がっていきません。「ツイッターで何を発信しようかな？」とつねに考えていると、生活するなかで立ち止まって考えたり、ちょっとしたことに気づく習慣が身についていきます。思考力、考察力がアップするのです。

⑨調べる力が身につく

ツイートひとつであっても「公《おおやけ》に発信する」ことには変わりありません。発信にはある程度の責任が伴います。よって、自然と調べたり、勉強したりするようになります。

もし不勉強のまま事実と違うことをツイートしてしまうと、デマやフェイクニュースに手を貸すことになります。自ら発信する訓練をすると、勉強せざるをえなくなり、情報リテラシーも高まります。

⑩ 行動力が身につく

ツイッターでいいねを集めようとすると、ツイッターだけをやっているわけにはいかなくなります。アウトプットするためにはインプットは不可欠だからです。

すると、ふだん行かないお店でランチしてみたり、映画を観たり、本を読むようになります。とにかくウケるネタを探すようになるのです。ツイッターを極めることで、逆に行動力が上がるのです。

本当の「ツイ廃（ツイッターばかりやっている廃人）」では、フォロワーを増やすことはできません。フォロワーを増やそうとするからこそ、行動できるようになるのです。

「ビジョン」を描いて、発信しよう

ここから少し「SNS論」みたいになりますが、書く力にもつながりますのでもう少しだけお話をさせてください。

「ツイッターをやりましょう」と言っても、別に全員がインフルエンサーを目指す必要はありません。

無理にバズらせてフォロワー獲得競争をしていると、いずれしんどくなります。フォロワーが1万人になると3万人が気になるし、3万人になると5万人が気になる。人と比べてしまうと、ずっとそわそわし続けることになります。

大切なのは、自分なりの「目的」を持って、「ビジョン」を描いて、ツイッターをやることです。ぼくの場合は「出版社をつくりたい」という夢があります。だからツイッターも、ライターや編集者に見てもらえるようなものにしようと思いました。ぼくのところに編集者やライターが集まるような状況にするにはどうすればいいかな、と思いながら発信をしてきました。

まずは「自分がどうなりたいか」という絵を描くことです。そこがないと発信がブレてしまいます。猫の動画でフォロワーを集めてもしょうがないのです。

「発信した内容」みたいな人が集まってくる

では、どうすれば「ビジョン」にもとづいたフォロワーを獲得することができるのでしょうか?

ツイッターをやっていて、ひとつ気づいたことがあります。

それはツイッターの世界は**「鏡の法則」**が働いているということです。「こんにちは」と言うと「こんにちは」と言われる。「バカ」って書くと「バカ」と言われる。まるで「鏡」のように発信したものが返ってくるわけです。

心がクサクサしてネガティブなことを書くと、ネガティブな人が集まってきます。

ツイッターの世界には「鏡の法則」がある

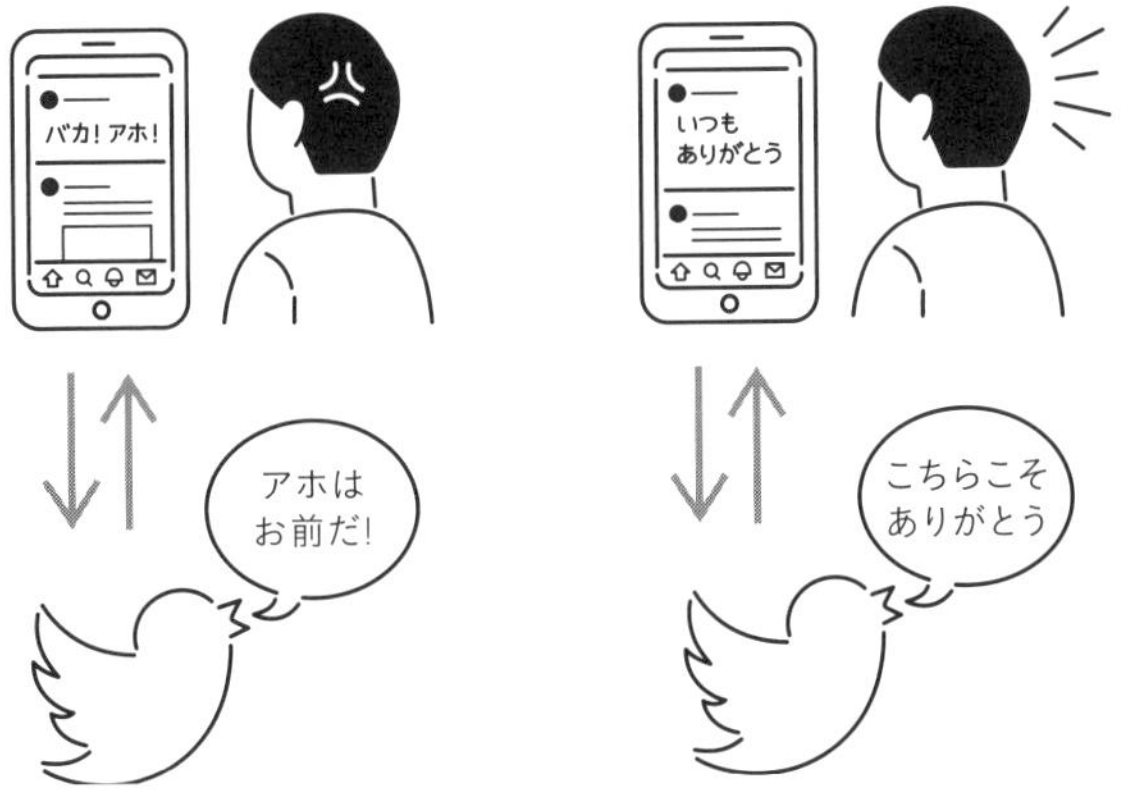

「お前ら来るな！　ふざけんな！」とやればやるほど、同じように「ふざけんな！」と言う人が集まってくるのです。

ようするに「発信する内容みたいな人」が集まってくる。ということは、質の高いフォロワーを獲得しようと思ったら、質の高い発信をすればいいのです。

ぼくはライターや編集者と知り合いたいので、文章に関することを発信しています。するとそういう情報を得たい人が集まってきます。

自分が得たい分野の情報は、こちらから発信することで、逆にそういう情報が集まってきます。たとえば、転職についての情報を集めたいなと思ったら、自分の知る限りの転職に役立つ情報を発信してみるのです。できれば実体験にもとづいていればベストですが、本で読んだことや調べたことでもいいでしょう。役立つ情報をどんどん発信していると、同じような属性の人が集まってきて、だんだん転職に関する情報を逆に手に入れられるようになるはずです。

発信する内容がそのままフォロワーの質と属性になります。そう考えれば、**炎上で得られるフォロワーは「炎上で得られたなりの」質にしかなりません。**

「炎上させないとフォロワーは増えないんじゃないか？」と思っている人もいるかもしれません。ただ、そもそもフォロワーを無理に増やす必要はありませんし、下手に炎上するとメンタルが持たないので普通の人にはオススメしません。

1000フォロワーと1万フォロワー、どちらが偉い？

1000フォロワーの人よりも1万フォロワーの人のほうがスゴそうに見えます。

ただ1000人であっても、フォロワーの質が高ければものすごく価値のあるアカウントです。その1000人の多くがたとえばコピーライターだったり、弁護士だったり、テレビ番組のディレクターだったとしたら、フォロワーがウン万人のネタアカウントよりも価値のあるアカウントになります。

そのためにも「ネタでバズらせよう」ではなく「ビジョンを持って、淡々と発信する」というスタンスがいいでしょう。

「いいコンテンツを発信しよう」「持っているノウハウをシェアしよう」という精神でやっていると、気づけば1000フォロワーくらいになっています。そしてそれは、質の高いフォロワーさんばかりのはずです。

「おもしろい雑誌」みたいなアカウントを目指そう

質の高いフォロワーを獲得するときに意識すべきは「おもしろい雑誌」みたいなアカウントを目指すことです。

「おもしろい雑誌」というのは、ターゲットがハッキリしていて、コンテンツが充実していて、有益な情報が得られるようなものです。そういうアカウントを目指したいものです。

よく、自社の宣伝や業界のニュースを「リツイート」ばかりしている人がいます。ただそれは雑誌にたとえるなら「広告だらけの雑誌」です。コンテンツがないフリーペーパーのようなものです。もちろん「キュレーション力」を売りにするのであれば別ですが、リツイートなら誰でもできるので差別化は難しいでしょう。

リツイートではなく、コンテンツを発信することです。他者のリツイートよりも自分の「生の声」のほうが何倍も価値があります。

具体的にどういうツイートをすべきなのか、これまでのノウハウとカブるところも多いですが、改めて整理してみます。

① 140文字でコンテンツが「完結」している

読まれやすいツイートは、140文字でコンテンツが「完結」しています。

前後のツイートを見なくても、その人を知らなくても「なんのことを話しているか」がわかるのです。だから「これ、いいよ」というようにシェアされていきます。

ツイートは道ばたで知らない人に話しかけるようなものです。相手はこちらのバックグラウンドをきちんと把握していません。そういう人に「なんだろう?」と思ってもらえるような発信を心がけましょう。

ちなみに140文字いっぱいに書くと、読んでもらいやすくなります。スマホで見たときに画面を専有する効果もありますし、充実したコンテンツに見えるからでしょうか。たくさん書いてあることで「何が書いてあるんだろう?」と一瞬気になって読み始めてもらえる効果もあります。

②1行目でなんについての話かがわかる

冒頭が大切だ、とさんざん言ってきましたが、ツイートも例外ではありません。というより、**ツイッターは0・何秒で読まれるかどうかが決まる世界です。**

1行目で「ああ、これは○○についての話題なんだな」とわかるように工夫してみることが大切です。

③半径3メートル以内にあるテーマである

やはり反応がいいのは、身近な話題です。「民法が改正されてうんぬんかんぬん」と難しく書かれているよりも「結局、夫婦別姓は実現できるのか？」といった身近な視点で書かれているほうが目にとまります。語りたい話題が半径3メートル以内のテーマで語れないかを考えてみましょう。

④人生に取り入れたくなるノウハウである

これがいちばん効果があります。**人は役立つノウハウが知りたいのです。**よって自分の知っているノウハウを発信してあげると、読まれる確率はすごく上がります。

⑤ 喜怒哀楽が刺激されるポイントがある

感情がこもっていると、読んでもらえます。やはり人は他人の感情に敏感なのです。怒り、悲しみ、喜びなど、情報だけでなく感情がこもっているかをチェックしてみましょう。

そして**意外と大切なのが「何を書くか」ではなく「何を書かないか」を決めることです。**

つい芸能人の不倫問題や、世間で大きな話題になっていることに乗っかりたくなります。でも、それは「このアカウントで発信すべきことかどうか」は立ち止まって考えなければいけません。あなたのアカウントはどういう「雑誌」なのか？　どういう話題を扱うアカウントなのか？　そこに立ち返ることです。

自分のスタンスを決めて、そこをブレさせないようにすることが鍵になります。

「自分だけのポジション」を見つけよう

ツイッターにはさまざまな情報、コンテンツが流れてきますが、その中でどういう発信をすると目立つことができそうか？　全体のバランスを見て、どういう内容を発信するかを考えてみましょう。

たとえばぼくが文章の書き方についてツイートしているのは「文章の書き方について発信している編集者」があまりいなかったからです。

ツイッターで有名な編集者は何人かいらっしゃいますが、彼らは文章の書き方についてはあまり発信していませんでした。そこで編集者というぼくの立場で、きちんとした文章術を発信すれば多少は目立てるんじゃないかと考えたのです。

「ここのポジションは空いているから、ちょっと攻めてみよう」という、スキマ産業のような発想が大切です。自分だけのポジションが見つかると、そのあとがすごくラクになります。何を発信するとウケそうか？　立ち止まって考えてみましょう。

信頼されるプロフィールをつくろう

自分のビジョンに合ったフォロワーを増やすためにも、プロフィールは大切なポイントです。どんなにいいツイートをしてもプロフィールがいまいちだと「どういう人なんだろう？　なんだか怪しいな」と思われてフォローしてもらえません。

まずなによりも、あなたのことがよくわかる「プロフィール」を作成する必要があります。

では、どういうプロフィールにすればいいのか？

結論から言えば、

① 信頼性

② コンテンツ

③ 愛嬌《あいきょう》

この3点を盛り込むことが大切です。

なぜこの3つなのか?

リアルではじめて人に会う場面を思い浮かべてください。

まず最初に「この人は悪い人じゃなさそうか?」を見るはずです。服装や髪型などの外見を見る。そして「何をしている人なのか?」を聞くでしょう。そこで怪しくなければ**「信頼性」**の第一関門突破です。

そこからさらに付き合うかどうかは「この人は自分に利益をもたらしてくれる人かどうか」によります。自分の知りたいことを知っているとか、自分がほしいものを持っているとか。一緒にいて安心するとか、話を聴いてくれる、というのも利益でしょう。自分がほしい**「コンテンツ」**を持っているかどうかです。

最後に**「愛嬌」**です。信頼できて、利益をもたらす人で、さらに「こんなにオチャメなところあるんだ」と思わされると、さらに距離は近づいていきます。このころには「フォロワー」というより「ファン」に近づいているかもしれません。

リアルであっても「信頼性・コンテンツ・愛嬌」の3つで距離を縮められる。よって、

信頼されるプロフィール（著者のケース）

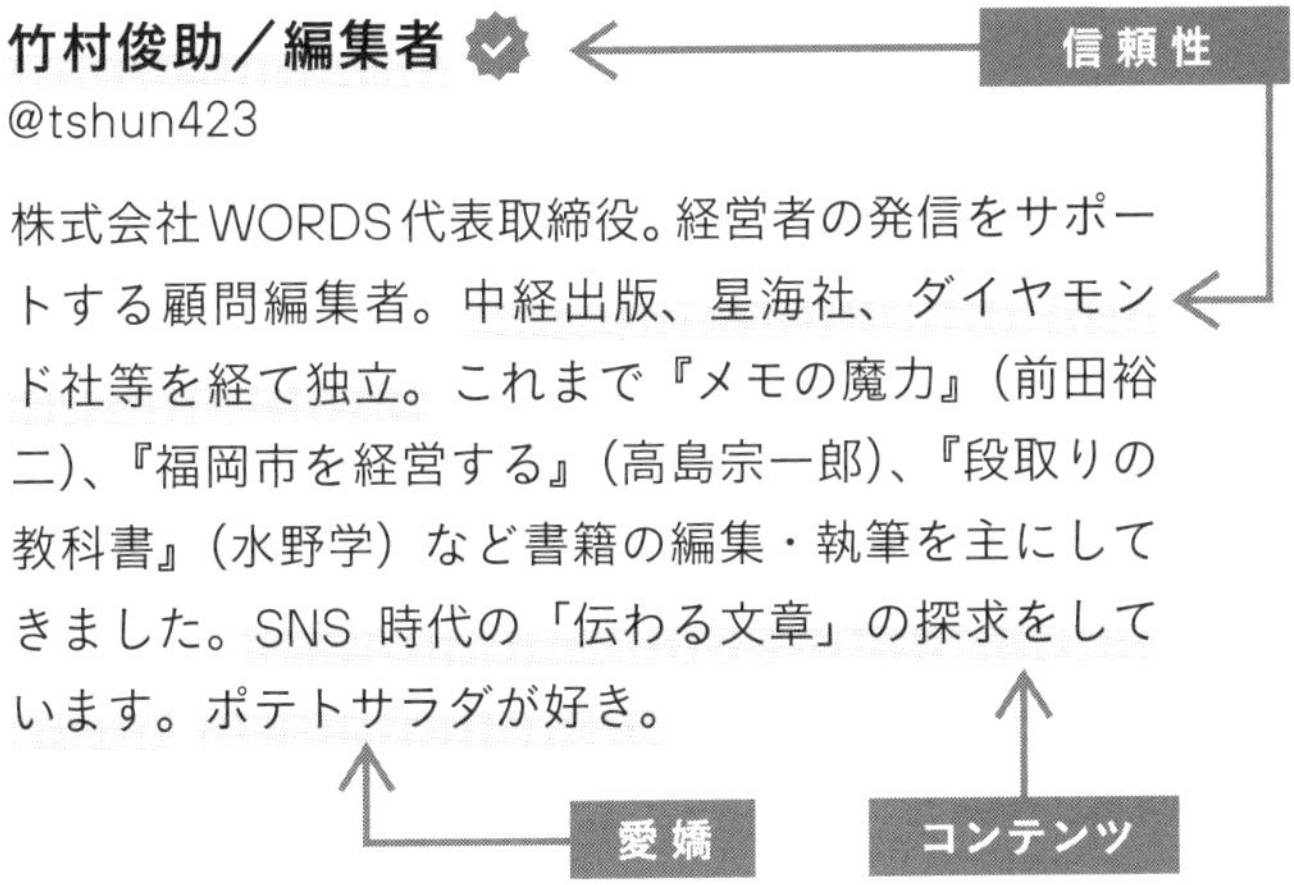
竹村俊助／編集者
@tshun423
株式会社WORDS代表取締役。経営者の発信をサポートする顧問編集者。中経出版、星海社、ダイヤモンド社等を経て独立。これまで『メモの魔力』（前田裕二）、『福岡市を経営する』（高島宗一郎）、『段取りの教科書』（水野学）など書籍の編集・執筆を主にしてきました。SNS 時代の「伝わる文章」の探求をしています。ポテトサラダが好き。
信頼性
愛嬌
コンテンツ

それをSNS上でも感じさせてあげればいいのです。**プロフィールはSNSにおける「初対面」であり、フォローしてもらえるかどうかの「試金石」だと言えます。**

ぼくの場合だとこんな感じです。

① 信頼性

「実名」かつ「会社名」を出すことで信頼性を担保しています。これまで携わってきた主な仕事も書きます。怪しい人ではないんだよということをここで示します。

② コンテンツ（専門性）

「このアカウントをフォローするとこんなコンテンツが手に入りますよ」ということ

を示します。ぼくの場合「SNS時代の文章術が手に入るかもしれない」と思ってもらえるように、こう書いています。

③ 愛嬌

あざといですが、愛嬌を入れます。ぼくの場合は「ポテトサラダが好き」と入れました。ここはなるべく具体的なほうがいいです。「スナック菓子」と書くよりも「じゃがりこ」のほうがかわいいです。

ネット上に「人格」を生み出そう

プロフィールで「自分が何者か」をうまく伝えることができれば、ネット上に「人格」が生まれます。さらに毎日ツイートをしていけば、フォロワーの心の中に「あなた」という人格がハッキリしてくるでしょう。

ツイッターをやっている人であれば、イケダハヤトさんやはあちゅうさんはご存じでしょう。イケダさん、はあちゅうさんに実際に会ったことがない人でも「イケダさんってどんな感じの人？」と聞けば「けっこう尖ってますよね」などと答えが返ってくるはずです。一回も会ったことないのに語ることができる。それは脳内に人格がつくられているからです。まずはインターネットというもうひとつの世界に「人格」をつくる。一度つくれば、それが勝手に動き出します。

理想なのは「〇〇といえば？」と聞いたときに名前が出てくるような存在になることです。「スイーツに詳しいライターといえば？」「経済をわかりやすく語れる学者といえば？」「東京の地価に詳しい人といえば？」といった話題のときに名前が出てくれば、ネット上に人格ができていますし、いい仕事が舞い込むこともあるはずです。プロフィール作成がうまくいくと、自分のブランディングにもつながるのです。

CHAPTER 5 まとめ

こうすれば、書くことが習慣化する

01

長文にチャレンジする前に、ツイッターで「書く訓練」をする。

02

「編集長」になったつもりで、発信する内容・コンセプトを決める。

03

たくさんスベる。スベればスベるほど、自分に求められているテーマや文章の特徴を把握することができる。

04

信頼性・コンテンツ・愛嬌を網羅したプロフィールをつくろう。

コラム

原稿に集中するための10の必勝法

ぼくは仕事で1万文字を超えるウェブの原稿を書いたり、10万文字近い本の原稿を書いたりしています。

長めの文章を書くコツは、なによりもまず**「自分は意志が弱い」**と認めることです。

パソコンをおもむろに開いて、原稿をさらさらと3時間書き進めて「ふーむ、今日はざっと1万字か、やれやれ」みたいな人はいません。村上春樹しかいません。

だいたいの人は、パソコンを開くとまずツイッターかフェイスブックに直行してしまい、1時間ほどウダウダし、「はぁあ、原稿やんなきゃあ」とのたうち回った挙げ句、1行進んでは1行消し……とやっているうちに嫌になり、またSNS地獄にハマる、というのが相場となっています。

よって「意志の弱い自分を動かすためのあらゆる工夫」をすることが必要なのです。

・集中できる時間はどれくらいなのか？
・集中できる場所はどこなのか？
・どんな音楽を聴けば集中できるのか？

自分をつねに「モニタリング」しながら、最適な環境に身を置いてあげることが大切です。というわけで、ぼくが見つけた**「原稿に集中するための10の必勝法」**をお届けします。

01 ちゃんと寝ておく

ぼくは8時間は寝ます。
書くことは頭を使う仕事です。頭がスッキリしていないと、いい仕事はできません。
「寝る」というのはいちばんシンプルで最強の方法です。ちゃんと寝ましょう。

02　ネット環境から離れる

原稿が進まないのは「原稿自体に悪戦苦闘している」というよりは「原稿以外のことに気が取られている」ケースが大半です。「メール返さなきゃ」「さっきのツイートに反応あったかな」なんてことをやっているから原稿が進まないのです。必勝法は**「その原稿のことしか考えないような環境に身を置くこと」**です。

ぼくは「ポメラ」をオススメしています（130ページ参照）。整理すべき原稿のデータだけ入れて、できればスマホも家に置いて、外で作業するのです。「原稿のことしか考えることがない」という状況に強制的に身を置けばいいのです。

03　作業を小分けにする

何万字もの長い原稿でも小さな項目ごとに切り分けて、終わったところからどんどんつぶしていきます。もくじ（全体の構成）をプリントアウトしておいて、終わったところから赤線で消していきます。なるべく作業は小分けにして、10分くらいごとに「達成感」を味わえるような仕組みをつくっておくといいでしょう。

04 そもそも長く集中できないと知っておく

原稿を書く作業は、文章の流れを考えたりする以外にも「、」を入れる入れないとか、「でも」にするか「しかし」にするかとか、意識してないだけで超たくさんの選択をしています。思った以上に脳は疲れるのです。

よって脳を適度に休ませながら、淡々と進めるほうがいいでしょう。気合い入れてオーバーヒートさせないほうがいい。そもそも長時間集中できるような人間なんて、ほぼいません。

05 気分が乗らないときは散歩する

ぼくは「2時間向き合って、1時間ほど休む」の繰り返しをしています。「2時間向き合う」といっても、2時間ずっと集中しているわけではありません。そんなことはできません。とりあえずパソコンを開いて原稿と向き合っている、というだけです。

休むときは、散歩でもいいし食事でもいいでしょう。2時間も原稿を見ていると最後のほうはほとんど頭は動いてないので、続けても意味がありません。頭が動いてないなと思ったら立ち上がる。いったんクリアにしてから、再開することです。

06 適度にざわざわした場所に行く

ぼくの傾向で言うと、本当に集中したいときは混んでざわざわしてる喫茶店とかカフェにあえて行きます。あまりに会話が気になるときは音楽を聴きますが、基本は聴きません。ちょっと他人の会話や視線が気になるくらいの状態で原稿に向かう。すると、**まわりを気にしないようにする力が、原稿に集中する力に変わる**のです。

あとは「ここまで進めるぞ」と決めて、ルノアール的なちょい高めの喫茶店に入る作戦もたまにやります。すると、原稿に集中できなくて帰りたくなっても「いやいや、せっかく700円とか払うんだし、元とらなきゃ……」と思って無理やり進めることができます。

07 終わったらやりたいことを決めておく

ようするにご褒美です。「これ終わったら飲みに行こう」「これ終わったらサウナに行こう」など、自分なりにテンションの上がることを用意しておくのです。にんじんをぶら下げておくということです。

08 締切日を宣言する

これがいちばん有効かもしれません。人は締切がないと、基本動きません。よって、誰かに締切日を宣言しましょう。「○日までに送ります」とクライアント、もしくはSNSなどに宣言してしまうのです。これだけで自分にかなりのプレッシャーを与えることができます。

09 質より終わらせることを優先させる

「完ぺきを求めない」ことです。いくらでもあとから修正できるのだから、とにかく「最後まで終わらせる」ことを優先させる。いきなり完成品をつくろうとしなければ、変に力が入らなくてスイスイ進みます。全体を何度も漆塗りするように、原稿のクオリティを上げていけばいいのです。

10 とにかく5分我慢してパソコンに向かう

書けないのは「嫌だなあ」と葛藤《かっとう》してるだけです。

書くことがあるのに書けないときは、「書けない」のではなく「書きたくない」のです。書きたくないから、テレビを観ちゃう。書きたくないから、ツイッターしちゃう。書きたくないから、飲みに行っちゃう。

あなたに必要なのは、このひとこと。**「いいからやれ」**です。

ぼくも書きたくないなあと思いながらツイッターをやってることがあります。「どんなツイートをしようかなあ……」なんてやってる場合じゃないのです。ぼくはぼくに何度もつぶやきました。いいからやれ、と。

少しでも書き始めると「嫌だなあ」という思いもどこかに行ってしまいます。まずネットを切りましょう。そして、原稿に向き合いましょう。**やる気になるから動けるのではなく、動き始めるからやる気が出るのです。**順番が逆なのです。

CHAPTER

6

書けば人生は変わる

「しんどい」の先にある新たな自分

いまは「書ける人」が有利な時代

ここまで「書くのがしんどい」と思っているあなたが少しでもラクになれるようにさまざまなノウハウをお伝えしてきました。

最後の章では「しんどい」にトドメを刺すべく、書くことのメリット、いまの時代において「書く」ということがいかに武器になるかについてお伝えしたいと思います。


ぼくは、現代ほど「書ける人」が有利な時代はないと思っています。

なぜか？

ひと昔前まで、人と出会うのは「リアル」の場がほとんどでした。

友だちや知り合いを介して出会う。なにかの会合やパーティで出会う。あいさつをして、名刺交換して「ぼくはこのあいだ会社を辞めて、ライターをやっている者です」など自己紹介をする。そんな感じでした。

そういうケースでは「話すことがうまい人」が有利でした。

初対面の場面でうまく話せることができれば「いま、こういう本を書きたいと思ってまして。もしよかったら御社にお邪魔させていただけないでしょうか?」などとスラスラ言える。話が上手な人が得をするのです。「話す」のが得意な人が圧倒的に有利だったのです。

しかし**いまは「初対面がテキスト」というケースが増えています。**

最近の「初対面」は、ツイッターやメール、メッセンジャーやLINEだったりします。本人にリアルで会う前に「テキストにおける接触」がある。つまり「テキストが初対面」という機会が増えているのです。

そういう時代に有利なのは、話の得意な人ではなく、書くのが得意な人です。最初にテキストでその人を判断して「この人、おもしろそうな人だな」というのがすぐにわかる。文章がアドバンテージになる、引っ込み思案の人の時代と言えるかもしれません。

これからは「書ける人」が有利になっていくのです。

引っ込み思案の人も文章で「敗者復活戦」ができる

たとえばこんなことはないでしょうか?

初対面で、ある人に会ったとします。そのあと「そういえばあの人って、どんな人なのかな?」とその人のツイッターやフェイスブックを見てみる。すると、やたら自慢ばかりの投稿が並んでいたり、誰かへの批判などネガティブなことばかり書いている人だったとしたら……「ああ、ちょっと距離を置こうかな」と思ってしまうでしょう。

逆に「あの人、あんまり印象なかったな」と思っても、SNSをたまたま見ていたら「あれ? 意外と文章がうまいな」「けっこうおもしろいこと言ってるし、フォロワー3万人いるんだな」と思うこともあるでしょう。

ぼくはリアルだとわりと引っ込み思案ですし、あまりグイグイと他人の懐《ふところ》に入っていいくような性格ではありません。印象が濃いか薄いかでいったら、薄いほうだと思います。それでも伝わる文章を書いてSNSに投稿すれば反応をもらえますし、印象を強くすることができます。

つまり、印象の薄い、話が苦手な人であっても、その後の「テキストでのコミュニケーション」で「敗者復活戦」ができるのです。

これまで「自分をアピールしたいのに前に出ることができない」「ほんとはやりたいことがあるのに言えない」「プレゼンが苦手でうまく話せない」という人は泣き寝入りするしかありませんでした。でもいまは、書くことにチャレンジすれば逆転できるのです。

人前でうまく立ち回る。あらゆる人と仲よくなる。ペラペラと楽しく話をする……。こういったことをするには、ある程度、生まれつきの性格や才能がものをいいます。生まれた環境や、教育によるところも大きいかもしれません。

一方で**「書く」能力は、後天的に獲得しやすいものです。**どんな人でも幼少期は書く能力に差はなかったはずです。よって、この本に書いたようなちょっとしたコツをつかむだけで書く力はアップさせることができるはずなのです。

「書くコミュニケーション」の計り知れないパワー

書くコミュニケーションは、「話すコミュニケーションの代わりになる」という以上に、メリットが多くあります。

ひとつは、**時間と場所を問わない**ということです。

録画・録音は別にして「話す」コミュニケーションは、時間と場所が固定されます。一方テキストであれば、時間と場所を問わず読んでもらえます。通勤途中に昼休みに、ささっと触れてもらえます。

2つめは、**何人が読んでも緊張しない**ということです。

話すコミュニケーションは相手が増えれば増えるほど緊張します。これはライブ配信などでも同じです。「向こうで何百人、何千人が見ている」と意識しただけでかたくなってしまう。テキストはそんなことはありません。何万人が読もうが、内容もテンションも変わりません。

3つめは、**勝手に拡散していく**ということです。

テキストはコピペも簡単ですし、SNSを通じて瞬時に拡散させることもできます。

自分が必死に「営業」しなくても、内容がよければ勝手に広がっていってくれるのです。

しかも一度書いてネット上に載っけておけば、その後に何もしなくてもずっと自分のことを営業してくれます。**1回書けば、24時間365日「自走」してくれるのです。**

「話す」よりも「書く」が先に来る時代――。

そんな時代では「書く」というテキストでのコミュニケーションを制する者が勝てます。「私は内気だから、言いたいことが言えない」「俺は話すのが苦手だから、活躍できない」。もしそう思っている人がいたとしたら、ものすごいチャンスの時代です。

書く力を磨くだけで、影響力を増やすことができるのです。

多様化の時代に「存在を示す」ことの重要性

日本人は少し前まで、同じようなテレビ番組を見て、同じような音楽を聴いて、同じような情報を得ていました。「サラリーマン」が会社で働き、「主婦」が家事をしていました。そういう時代には、自ら書いて発信する必要性はありませんでした。敷かれたレールに乗っておけば、いい場所に連れて行ってくれました。

しかしいまは「多様化」の時代です。いろんな考え方、いろんなバックグラウンドを持った人が入り混じっています。これまでの「業界」という枠も崩れ始め、「常識」というものが通用しにくくなりました。そんななか、ただ既存のレールに乗っていても、どこに連れて行かれるかはわかりません。

だからこそ「書く」ことで存在感を示す必要があるのです。**きちんと言葉にしないと、わかってもらえない時代に来ているのです。**

これまでの日本は「秘すれば花」ではないですが、黙々と仕事をすることがよしとされてきました。あまり自分のことをひけらかすのはカッコ悪いという空気もいまだにあります。もちろんそういった考え方を否定するわけではありません。

ただ、何もしなければ埋もれていってしまうリスクもあります。「書く」ことで自分のことをきちんとまわりに知らせることがより大切になってきているように思うのです。

書いて発信することは「世界へのプレゼン」になる

書いて発信することは「世界へのプレゼン」です。ツイッターやフェイスブックを使えば、多くの人に情報や考え、思いを届けることができます。「1億総プレゼンター時代」と言っては大げさでしょうか……。

文章を書いてSNSに投稿してみると思わぬ出会いがあったりします。

ひと昔前であれば、直接テレビ局や出版社の人に「プレゼン」することはなかなかできませんでした。でもいまは、ツイートを書くだけでそういう人たちの目に触れさせることができます。

ときには、有名なタレントや大企業の社長、世界で活躍するアスリートなども見てくれるかもしれません。ダルビッシュ有さんや本田圭佑《けいすけ》さんに何かを伝えたいと思ったとき、これまではマネジメントをしている事務所に手紙を送るくらいしかできませんでしたが、いまならツイートをすれば、本人の目に触れる可能性があるのです。こんなに可能性の開かれた時代はいまだかつてなかったでしょう。

競争率は高いかもしれませんが、本書で書くスキルをアップしたあなたなら大丈夫です。ぜひ「プレゼン」にチャレンジして夢を叶えてください。

自分のことを知ってもらえると「仕事」がやってくる

自分のことを「こういう人間です」と書いておくだけで、自分に合った仕事を誰かが持ってきてくれる可能性もあります。

ぼくもSNSでの発信を強化し始めたころから「竹村さんはこれが得意そうだから、これをやったほうがいいですよ」と言ってくれる人が増えました。

この本をオファーしていただけたのもそうですし、経営者のｎｏｔｅの編集という仕事も「こういう仕事やってみませんか？」とオファーされたのがきっかけです。やってみると意外にうまくいき、仕事の幅を広げることができました。

「自分が得意だと思っていること」と「他人がやってもらいたいこと」は異なっている場合も多くあります。自分では「本の編集をやろう」と思っていても、誰かが「お前はｎｏｔｅを書いたほうが輝くよ！」と教えてくれたりするのです。あなたのことをいちばんわかっているのは「あなた」ではなく、「まわりの人」なのかもしれません。

自分のやるべきこと、貢献できそうなことを、誰かが見つけてくれるというのは「書く」ことの大きなメリットです。 人生が変わるチャンスが訪れるのです。

自分の存在を知らせながら、市場をふわーっとクラゲのように漂ってみる。すると「これやってみたら？」「これお願いできる？」という話が舞い込んできたりします。

会社も国も当てにならない時代です。自分のことは自分で守らなければいけない。書くことで自分を知らせておくことが、ある種の「セーフティネット」になるのです。

コンサルタントのような「知的労働」ができる

書くことができるようになると、コンサルティング業のような知的労働ができるようにもなります。

たとえばあなたが不動産屋さんで営業をしているとします。普通に営業をしているだけだと、世界は広がっていきません。でも「いい部屋の見つけ方」とか「これからどの土地が値上がりするか？」「これから東京の地価はどうなるか？」といったことを文章で発信できるようになったら、それはもう立派な「コンサルタント」です。

文章にできるだけで、自分の価値はグッと上がります。いろんなところから引っ張りだこになるでしょう。

インターネットの世界には「業界」の壁がありません。

よって、そこに文章を投下するだけで、これまで自分がいた業界とはまったく違う業界から声がかかることがあります。自分たちの業界内では「常識」でも、他の業界からすると「コンサルティング」のような価値のあるものになるということです。

ぼくが発信していることも、出版業界の中では常識だったりします。「著者の言いたいことと読者の聞きたいことは違う」というのも、多くの編集者がアドバイスしていることです。でもそこを文章にして発信するだけで、業界の外の人にとっては「発見」になるのです。

ただノウハウを持っているだけだと業界内でしか活躍できません。しかし、文章にしてアウトプットするだけで、市場が10倍くらいになったりするのです。

副業・複業もまずは「書く」ことから

先行きの見えない時代です。「副業をやってみたい」という人も多いでしょう。

そこでオススメするのが、**本業で得た知識やノウハウを書いてみる**、ということです（もちろん許可を取らなければいけないケースもあるでしょうが……）。

「いや、私は大した仕事じゃないから」と謙遜する人もいらっしゃるかもしれません。でも先ほども言ったように、自分にとってはあたりまえの話でも、一般の人には新鮮だったり、価値があったりするものです。

会社で経理を10年間やっていたとしたら、その人には10年分の価値があります。その人のアドバイスで節税ができて１００万円ほど得をした人がいたら、コンサルティング料として何万円かもらえる可能性もあります。介護の仕事を10年やっていた人が、そのノウハウを公開すれば、多くの介護で困っている人を救うことができます。その価値は計り知れないものがあるでしょう。

情報は、物理的には0円で流通させられるかもしれませんが、その人の知識や経験が凝縮《ぎょうしゅく》された情報にはものすごい価値があるのです。

情報を売りものにしている職業は、実は思った以上に多いものです。

たとえばお医者さん。外科手術をするような医師は別ですが、診察をして薬を出すことがメインの医師は「知識や情報を売っている」と言えます。病状を診察して自分の知識を総動員して「じゃあこの薬を出しましょう」と決める。医師が直接手を施すわけでもないし、薬を開発しているわけでもない。ただ選択しているだけです。このときのお金は「情報料」。「コンサル料」と言えるでしょう。

情報や知識をお金にしている職業の人はたくさんいます。医師、不動産業、弁護士、税理士などの士業、政治家、投資家もそうでしょう。多くの職業は、知識や情報、経験を売っているのです。

何が言いたいかというと、ただ「書いて文字にする」ことは誰にでもできるし、そこまで価値がないように見えますが、まったくそんなことはないということです。

どんな人も、いろんな知識を持っていて、いろんな経験をしています。ただ、それが脳内にとどまっているから、価値が見えないだけなのです。誰にでもわかりやすく伝えることができれば「お金を払ってでも知りたい」という人は現れるはずです。

「自分にしか書けないこと」は誰にでもある

CHAPTER1では「自分のことを書こうとしなくていい」「まずは取材をして身のまわりのことを書こう」と言いました。**ただ、その取材対象を「自分」にすれば、自分のことを書くことだってできます。**

よく「自分のことなんて書くことはない」「読んでもらえるようなおもしろい話は持っていない」と言われます。でも、「自分にしか書けないこと」は誰にでもあるはずです。

かつて、ホストクラブの経営者に取材をしたことがありました。最初は「ぼくらがお役に立てるような話なんて、何もありません」と言っていました。

ただ、ホストクラブの経営者は10~20人くらいの若者たちを束ねなければいけません。これまでやんちゃをしてきたような若者を教育して、お客さんを喜ばせないといけないわけです。

ぼくはちょうどそのときチームづくりに悩んでいたので「どうやってチームを束ねているんですか?」と聞きました。するとこんな答えが返ってきました。

「まずはチームに『文化』をつくることです。文化を一度つくってしまえば、新しい人が入ってきてもその文化にみんなが染まっていく。まずは組織の文化をつくればいいんです」。「じゃあ組織の文化って、どうやってつくるんですか?」と聞くと「まずは腹心を2人決めます。その後はつねに3人で動くようにして、3人だけの空気をつくる。自分が思っていることはすべてその2人にも共有する。するといつのまにか文化はできています」という答えが返ってきました。

まずは3人で文化をつくる。文化ができれば、その後は勝手にみんながその文化に染まっていく。これはホストクラブの話でしたが、あらゆる組織に応用できるものすごく価値のあるノウハウだと思いました。

自分が持っている情報の価値は、自分ではわからないものです。

自分が「いい」と思っているコンテンツが、まわりから見るとそんなに価値がなかっ

たり、逆に「こんな普通のこと書いて意味あるの?」ということが、まわりからはすごくおもしろいことだったりもします。

クリエイティブディレクターの水野学さんに「段取りについて本を書いてください」と持ちかけたときも「おもしろいテーマだとは思うけど、一冊になるか不安だな……」と言われました。しかし、段取りに関する悩みをぶつけてみると、本質的な答えが返ってきました。ぼくは「これ、絶対いい本になりますよ!」と言いました。

結果的に『いちばん大切なのに誰も教えてくれない段取りの教科書』というおもしろい本ができあがりました。

文字には「これまでの人生」が凝縮されている

たしかに情報やコンテンツはあふれかえっています。ただ、あなたがその立場で、これまでの人生を踏まえて発する言葉は、かならず「唯一無二」のものになります。そこに価値があるのです。

たとえば、しりあがり寿《ことぶき》さんが10秒でササーッと絵を描いたとします。描いた時間は

10秒だとしても、それはしりあがり寿さんのこれまでの人生すべてが詰まったものになります。だから価値があります。他の人が同じように描けたとしても、そこに価値はありません。ネットの格安業者に頼めば同じようなものが500円でできるかもしれない。でも、しりあがりさんが描くと何万円にもなる。それは「しりあがり寿さんが描く」ということが価値だからです。

文字も同じです。「人生って素晴らしい」と同じことを言っても、5歳の人が言うのと、90歳の人が言うのとでは意味が違ってきます。90歳の「人生って素晴らしい」には、90年分のさまざまな経験が詰まっています。たった数文字でも、発信する人によって効果は変わってくるのです。

14歳の岩崎恭子さんが「いままで生きてきたなかでいちばん幸せです」と言いました。あの言葉は14歳の子が言ったからおもしろいのです。50歳くらいのそこそこ経験を積んだ人が同じことを言えば「まあそうだろうな」と思うだけでしょう。14歳が言ったから注目されたわけです。

文字にはその人のこれまでの人生が凝縮されています。その重みは読んでいる人にも伝わるはずです。「私が書いても意味がない」なんてことはないのです。

どんどん書いて「ギブ」し続けよう

「知識や情報を文字にしてしまったらパクられるんじゃないか？」と心配する人もいます。でも、そこは気にしなくてもいいでしょう。理由は先ほどお伝えしたように、情報自体よりも「その人が書く」ということの価値が増しているからです。

あなたが働きながら3人の子どもを育てている人だとします。毎日仕事をしながら家事をするのが大変だから、つくりおきのレシピを開発しました。そのつくりおきレシピをネットに公開したらどうなるでしょうか？

もちろんレシピはただの情報なので、いろんなところにコピペされるかもしれません。ただ、コピペされたものは「働きながら3人の子どもを育てているあなたの情報」にはなりません。材料と分量が書かれた「のっぺらぼう」のレシピです。

「働きながら3人の子どもを育てているあなた」が発信するから価値があるのです。むしろコピペされて、そのレシピが広まれば広まるほど、あなたのブランド価値は上がっていくことになります。

大げさですが「これを書くことで人類を一歩前に進めるのだ」と思うことです。「これを書いてみんなに伝えることで、世界を0・01ミリでもレベルアップさせるんだ」と思う。そんな使命感をもって書くと、結果的にうまくいきます。

大切なのは、変に見返りを期待せず、ギブを続けることです。「他者に貢献しよう」という意識で発信することです。

自分が何を得ようかと考えるのではなく、他人に何を与えられるかを考えれば、結果的に自分もまわりもハッピーになっているはずです。

かつて「情報収集」が価値を持った時代がありました。しかし現代は「情報発信」が価値を持つ時代です。

いまこそ「読む側」から「発信する側」にまわるときです。価値を受け取る人から価値を提供する人へ。たしかに情報はあふれていますが、「質の高い発信」ができる人はまだ多くはありません。圧倒的に発信の市場はブルーオーシャンなのです。

CHAPTER 6 まとめ

こうすれば、書くのが楽しくなる

01

「書くこと」は話すより労力がかからない。しかも、多くの人に伝えることができる。どんどん、書いてコミュニケーションをとろう。

02

あなたが書いたテキストが「初対面」になる時代。自分がコンサルタントになったつもりで、専門分野や本業で扱っているテーマについて発信してみる。

03

「誰も見ないんじゃないか」「情報を提供するなんてもったいない」なんて思わず、世の中を0.01ミリでもよくする気持ちをもとう。

コラム

あなたが経営者（広報）なら、こんなことを書くといい

ぼくは経営者の方の本も多くつくってきました。最近は、経営者の代わりにnoteの記事を書いたり、発信のサポートをする仕事もしています。

そんななかで**「経営者が発信したいこと」**と**「みんなが聞きたいこと」にズレがある**ことを感じてきました。

実は会社やサービスの「論理的な説明」よりも「社長個人のエピソードや思い」のほうが引きがあるし、「抽象的な企業理念」よりも「倒産しそうになった苦労話」のほうが引きがあります。

自分たちの強みや魅力は、案外自分たちではわからないもの。会社のファンをつくったり、認知度を高めたいなら、ウン百万もかけて自費出版したり、出版セミナーに通う

よりも、これからご紹介するテーマをｎｏｔｅなどの自分のメディアで発信することをオススメします。経費は0円。コスパ最強です。

経営者、もしくは広報の方は、こんなテーマを書いてみましょう。
ひとつずつ説明していきます。

01 会社をつくろうと思ったきっかけ

会社が始まったころには、かならず「ストーリー」があります。人はストーリーに惹《ひ》かれるもの。ぜひストーリーを語りましょう。

ファンの多い会社は、多くの人とストーリーが共有されていることが多いものです。アップルなら、ジョブズが追放された話はみんな知っていますし、フェイスブックが大学生のサービスから始まったことを知っています。ぜひ自分たちにしか語れないストーリーを発信しましょう。

02 会社をつくってからいちばん苦労したこと

ストーリーでついつい語りがちなのが「成功譚《たん》」です。「会社設立以来、順調に成長し、顧客もこれだけ増え、○年後にはマザーズ上場も果たしました！」。そういうストーリーを語りがちなのですが、ここに読み手はあまり魅力を感じません。

それよりも苦労話、失敗話を書きましょう。「会社を立ち上げたはいいものの、お客さんはゼロ。しばらくはパチンコに通っていた」とか「順風満帆《じゅんぷうまんぱん》だったのに、不況のあおりで一度倒産しかかり、一時期はカップ麺ばかり食べていた」とか。**苦労話、失敗話は多くの人も「自分ごと化」できるので、共感を得やすいのです。**

03 軌道に乗ったブレイクスルーなできごと

失敗談ばかりの会社はおもしろいのですが、さすがに「じゃあここにお願いしよう」とはなりにくい。よって、会社がうまくいくようになったターニングポイント、ブレイクスルーしたできごとを書きましょう。**ピンチからの復活劇**です。下がってから上がる。ここに人はグッと来ます。

04 商品やサービスの誕生秘話

①〜③は会社の話でしたが、個々の商品やサービスについても、同じようにストーリーを語ってみましょう。

ロジカルに「商品のいいところ・メリット」を説明するのではなく、「私の妻が『レシピサイトは見てて楽しくない』と言っていたので、レシピも動画にしようと思いついた」「急に親が亡くなってしまい、実家の片付けが大変だった。それを代行するサービスができないかと思った」など**場面が思い浮かぶような（「カンブリア宮殿」などで再現VTRがつくれそうな）ストーリーを語りましょう。**

05 「これからこういう世界を実現させたい」

①〜④が伝わっていると、その会社に関心を持つ人も増えるので、次は「これからこういう世界を実現させたい」という理想を掲げましょう。会社が描いている理想の未来を語るのです。それは会社の理念や、設立の思いにもつながるでしょう。

これを語るときも、「デジタルとアナログの融合によって顧客にソリューションを提供します」などといった「かたい」書き方ではなく、**「誰でも、かんたんに、発信ができる世界がつくりたい」といった誰もがわかる「やわらかい」書き方がいいでしょう。**

「上から目線」は禁物

①〜⑤を通して、**ポイントとなるのは「右脳、体温、感情」です。**右脳、つまり感性やビジュアル脳に訴えかける。切ったら血が出るような「体温」のある書き方を心がける。理論、論理ではなく、感情が動くような書き方をすることです。

SNS時代、スマホの向こう側にいるのは「ベッドの上でだらっと過ごしているような生身の人間」です。スーツを着てばりばり働いている人も、土日や家では普段着の生活者に戻ります。そういう人に届けるように書くのです。それがSNS時代の広報として有効です。

また、客観的な書き方よりも、主観的な書き方をすること。つまり「こんなサービスがありますよ」「こんなベネフィットがありますよ」ではなく、「ぼくはこんなサービスがあるとハッピーになると思ったんでやってます」とか「近くにこんな困った人がいたからつくりました」みたいな書き方をすることです。**SNS時代は「会社」の話が聞きた**

いのではなく、「社長」や「会社で働いている人」の話が聞きたいのです。

ちなみに「教えてやろう」というような上から目線の発信には、いまいちファンがつきません。一方で、「一緒にやりましょう」「助けてほしい」みたいなスタンスの人は好かれます。これはSNSに限った話ではないでしょう。

「この商品、スゴいでしょ！」ではなく「この商品売れないんですけど、助けてくださ い！」と言うほうが効果があったりする。「このツイートを拡散してください！」ではなく「これの売り方を一緒に考えてください」と言うと、みんな「どれどれ」と思ってくれます。「デザインはAとB、どっちがいいと思いますか？」と聞くのも効果的でしょう。

「上から」ではなく「一緒に」盛り上げる意識が大切なのです。

おわりに

言葉で世界を動かそう

いかがだったでしょうか?

ぜひ本書のノウハウを使って、文章のクオリティを上げていってください。毎日1%ずつでもいいのです。そうすれば3年後には、とんでもない場所に到達することができるはずです。

「伝わらない文章」が「伝わる文章」に変われば、人の気持ちを動かすことができます。自分の考えや思いをわかってもらうことができます。

「読まれない文章」から「読まれる文章」に変われば、ビジネスもうまくいきます。モノが売れるようになったり、お店やイベントにたくさんの人を集められるようになったりするでしょう。

「つまらない文章」から「おもしろい文章」に変われば、文字だけで人を喜ばせることができます。まったく知らない人を勇気づけることもできます。自ら価値を生み出すことができる。これはものすごいことです。

おもしろい文章が書けるということは「コンテンツ化できる」ということです。

これは持論ですが、世の中のあらゆる情報はコンテンツ化せざるをえないと思っています。広告も広報も商品説明などもすべて「おもしろくなければ読まれない」時代がすでに来ています。そこでコンテンツを生み出せる人の価値はものすごく高いのです。

誰でも、いますぐに、人生を変えられる方法。

それが「書く」ということです。

メール、企画書、依頼書、報告書、議事録、履歴書、ツイッター、ｎｏｔｅ、ブログ、フェイスブックの投稿……人生のあらゆる場面で書く機会が訪れますが、そのときに質の高いアウトプットができれば、そのたびに人生は「上方修正」されます。

たった1通のメールで人間関係が良好になる。たった1枚の企画書が莫大《ばくだい》な利益をもたらす。たった1つのブログのエントリーが世界を動かす。そんな夢のようなことが可能になるのです。

世界は言葉で動いています。政治もビジネスも人間関係も何もかも。その言葉をうまく使うことで道は開けます。書くたびに世界が変わる。書くたびにあなたの人生もカラフルに塗り替わっていくのです。

いま、あなたは「書くのがしんどい」という呪縛《じゅばく》から解き放たれました。

さあ、離陸のときです。

*

まだ何も成し遂げていない自分が偉そうに「著者」なんぞになっていいものか……。しばらく迷っていましたが「書くのがしんどかった竹村さんがどうやって書けるようになったのか。その追体験をしてもらえるような本にしましょう」という編集者の言葉に押され、上梓《じょうし》させていただくことにしました。

当然ながら、本書で紹介したノウハウはぼくがゼロから生み出したものではありません。多くの先人たち、諸先輩方から多くのことを学び、自分なりにまとめさせていただいたものです。本書を読んでくださったあなたも、この本に学ぶことがあったら、ぜひ次の人にバトンを渡してほしいと思っています。

最後になりましたが、この場を借りてお礼を述べさせてください。

出版という貴重な機会を与えていただき、的確なアドバイスでここまで導いてくださったPHP研究所の大隅元さん。素敵な世界観をつくっていただいたデザイナーの三森健太さん、イラストレーターのFUJIKOさん。

執筆途中に貴重なアドバイスをくださった柿内芳文さん、中村明博さん。日本実業出版社、中経出版、星海社、ダイヤモンド社時代にお世話になった上司、先輩、同僚、著者、関係者のみなさま。特に、売れる本の基本を教えてくれた飯沼一洋さん。文章整理のお手伝いをしてくれた豊福未波さん、集中する環境を提供してくれた上島珈琲店さん。自由に好きなことをやらせてくれた両親、読書の楽しさを教えてくれた父、いつも隣で応援してくれる妻。そして、ここまで読んでいただいたあなたへ――。

ありがとうございました。

最後にカッコつけてこんな言葉を贈らせてください。

完璧な文章などといったものは存在しない。
完璧な絶望が存在しないようにね。

――村上春樹『風の歌を聴け』より

竹村俊助（たけむら・しゅんすけ）／編集者、株式会社WORDS代表取締役
1980年岐阜県生まれ。早稲田大学政治経済学部卒業後、日本実業出版社に入社。書店営業とPRを経験した後、中経出版で編集者としてのキャリアをスタート。その後、星海社、ダイヤモンド社を経て、2019年に株式会社WORDS代表取締役に就任。SNS時代の「伝わる文章」を探求している。主な編集・ライティング担当作は『いちばん大切なのに誰も教えてくれない段取りの教科書』（水野学）、『ぼくらの仮説が世界をつくる』（佐渡島庸平、以上ダイヤモンド社）、『メモの魔力』（前田裕二）、『実験思考』（光本勇介、以上幻冬舎）など。手掛けた書籍は累計100万部以上。メディアプラットフォーム「note」に投稿した「WORDSの文章教室」は累計150万PV を超える。

Twitter : @tshun423

書くのがしんどい

2020年 8月11日　第1版第1刷発行
2020年10月1日　第1版第3刷発行

著　者　竹村俊助
発行者　後藤淳一
発行所　株式会社PHP研究所
東京本部
〒135-8137 江東区豊洲5-6-52
第二制作部ビジネス課 ☎03-3520-9619（編集）
普及部 ☎03-3520-9630（販売）
京都本部
〒601-8411 京都市南区西九条北ノ内町11
PHP INTERFACE　https://www.php.co.jp/
組　版　有限会社エヴリ・シンク
印刷所　大日本印刷株式会社
製本所　東京美術紙工協業組合

ISBN978-4-569-84716-0